地球の歩き方

Plat

P13 ぷらっと

マニラ セ

MANILA CEBU

JN050348

TODO LIST ☑

GOURMET

SHOPPING

AREA GUIDE

HOTEL

CEBU

INFORMATION

地球の歩き方編集室

CONTENTS

地球の歩き方
Plat P13 ぷらっと
マニラ セブ
MANILA CEBU

4 マニラ 早わかり エリアナビ
6 モデルプラン マニラ3日間
10 モデルプラン セブ3日間
12 本書の使い方

11 THINGS TO DO ☑ IN MANILA

13 マニラ でしたいこと &
でしかできないこと

14 ☑ **01**　ハロハロ（混ざり合う）な食文化を味わう
フィリピンスイーツ百科

16 ☑ **02**　町角を風切って走るストリートの帝王
ジプニー！ ジプニー！ ジプニー！

20 ☑ **03**　南国ならではのお楽しみ
トロピカルフルーツ天国

22 ☑ **04**　モダン・マニラの象徴
アヤラ・センターを遊び尽くす！

26 ☑ **05**　新旧のマニラを一度に味わう
ベイエリア&ロハス大通りの新しい歩き方

30 ☑ **06**　激動の歴史を肌で感じる旅に出よう
マニラ ヒストリカル ツアー

34 ☑ **07**　進化が止まらないマニラのハイエンドスポット
近未来都市BGCへ

36 ☑ **08**　マニラでいちばんホットな町
ポブラシオンを徘徊する

38 ☑ **09**　メガロポリスの夜景に息をのむ
絶景ルーフトップバーでロマンティックな夜を

40 ☑ **10**　幅広いバリエーションが自慢！
極楽スパ&マッサージで癒やされる

42 ☑ **11**　マニラはコンテンポラリーアートが熱い！
アートな1日を満喫する

44　COLUMN 01 エンターテインメント・シティ

GOURMET 🍴

**45 知られざる
フィリピングルメの世界**

46 ジョリビーのすべて
48 おすすめファストフード店TOP6
50 フィリピンならではのグルメ体験
52 知られざるフィリピン料理の数々と
   モダンフィリピノの名店
54 極上スペイン料理に舌鼓
56 人気のこだわりカフェでほっとひと息
58 人気ウイークエンドマーケットでグルメ三昧
60 COLUMN 02 フィリピンのメリエンダ文化

SHOPPING 👜

**61 ショッピングパラダイス
マニラ！**

62 おみやげの決定版
   フィリピン産チョコレート&コーヒー
64 おみやげは人気店でまとめ買い！
66 ピノイテイストのおしゃれ雑貨店
67 エコ&オーガニックなショップ
68 人気ピノイブランドを手に入れろ！
   徹底解剖！ショッピングセンター
70 その1   グリーンベルト
72 その2   グロリエッタ
74 その3   SMモール・オブ・アジア
76 COLUMN 03 スーパーマーケットでばらまきみやげ

AREA GUIDE 📷

**77 マニラ エリアガイド&
郊外へのショートトリップ**

78 マカティ
80 マニラ地区
82 チャイナタウン（ビノンド）
84 ボニファシオ・グローバル・シティ（BGC）
86 ショートトリップ タガイタイ／サン・パブロ／アンティポロ

HOTEL 🏨

88 マニラのおすすめホテル

90 COLUMN 04 まだまだある！マニラからのショートトリップ

CEBU

**91 ようこそ！
人気リゾート セブへ**

92 極上トロピカルリゾート 選び方ガイド
94 憧れの高級ホテルで過ごす休日
96 ボホール島は1日ツアーが正解！
98 ジンベエザメと泳ぎたい！
100 バンカーボートで
    憧れのアイランドホッピング！
102 人生初のダイビングに挑戦！
104 セブで見られる魚図鑑
105 気分爽快 ビーチアクティビティ
106 大人気の定番レストランへ
108 アバカ系の絶品レストラン
110 極楽スパで癒されたい
112 フィリピン最古の町を散策
114 セブのおすすめホテル
116 COLUMN 05 セブで英語留学

TRAVEL INFORMATION ℹ️

117 旅の基本情報

118 フィリピンの基本情報
122 フィリピン入出国
124 空港案内
126 空港から市内へ
128 市内交通
131 旅の安全対策

MAP 📍

132 メトロ・マニラ北部
134 メトロ・マニラ南部
136 マカティ市
137 ボニファシオ・グローバル・シティ（BGC）／
    チャイナタウン（ビノンド）
138 マニラ地区
139 エルミタ&マラテ地区
140 マクタン島／ラプラプ・シティ中心部／
    マクタン島リゾートエリア
141 セブ・シティ

142 INDEX

マニラ 早わかり エリアナビ

MANILA
AREA NAVI

広大なメトロ・マニラは
いくつもの市によって構成され、
すべてを把握するのは旅行者には難しい。
ここでは旅行者に必要と思われる
エリアを9つに分けて紹介してみよう。

1 隠れたグルメスポットが多い
チャイナタウン（ビノンド）
Chinatown (Binondo)
世界最古の中国人街として知られ、独特の古い町並みが残されている。近年はグルメやアートスポットとしても注目されている。
▶P.33/P.82

2 マニラ随一の観光地を擁する
マニラ地区
Manila
要塞都市イントラムロスはマニラのオリジンともいえる地で、歴史的見どころが点在。博物館の多いリサール公園も旅行者に人気の場所だ。
▶P.30/P.80

3 下町風情を感じる
エルミタ＆マラテ地区
Ermita & Malate
エルミタはかつての歓楽街で、現在も多くの観光客が集まる。ホテル、レストラン、両替所など旅行者に必要なものが揃っている。
▶P.28

4 発展を続けるベイエリアの都市
パサイ
Pasay
空港やモール・オブ・アジア（MOA）があり、旅行者にはなじみのエリア。巨大なアリーナなどもあり、国際都市マニラの表の顔がここにある。
▶P.26

5 複合カジノリゾートが建ち並ぶ
エンターテインメント・シティ
Entertainment City
パラニャーケ市のマニラ湾沿岸は一大開発地区。統合型カジノリゾートが次々に建設され、まさにエンターテインメントの町が形成されつつある。
▶P.44

Line 1

ブルメントリット駅
Blumentritt Sta.

トゥトゥバン駅
Tutuban Sta.

1 レクト駅
Recto Sta.

Chinatown
チャイナタウン

2 セントラル駅
Central Terminal

Manila
マニラ地区

パッシグ川

Ermita & Malate **3**
エルミタ＆
マラテ地区

キリノ駅
Quirino Ave. Sta.

4

Pasay
パサイ

Line 1

タフト・アベニュー
Taft Ave. S

バクラララン駅
Baclaran Sta.

5

Entertainment
City
エンターテインメント・
シティ

マニラ湾

ノース・アベニュー駅
North Ave. Sta.

6

Line 3

Quezon
ケソン

アラネタ・センター・クバオ駅
Araneta Center Cubao Sta.

クバオ駅
Cubao Sta.

Line 2

オルティガス駅
Ortigas Sta.

7

Ortigas
Center
オルティガス・
センター

8

Makati
マカティ

アヤラ駅
Ayala Sta.

Bonifacio
Global City
ボニファシオ・
グローバル・シティ
9

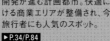
Bonifacio
High Street

フィリピン国有鉄道

ノイ・アキノ
国際空港

フィリピン全図

アンティポロ
▶P.87

MANILA

サン・パブロ
▶P.87

セブ・
シティ

タガイタイ ▶P.86

マクタン島

CEBU
PHILIPPINNES

6 広大な敷地をもつエリア
ケソン
Quezon

1976年にメトロ・マニラに統合移行されるまでは、フィリピンの首都だった市。フィリピン大学などがあって若者が多い町。

7 マンダルヨン市きっての繁華街
オルティガス・センター
Ortigas Center

1990年代から、新興ビジネス地として急速に発展。SMメガ・モールという巨大なショッピングセンターがあり、ホテルも充実している。

8 商業・経済の中心地
マカティ
Makati

高層ビルが建ち並び、アヤラ・センターには巨大なショッピングセンターや高級ホテルが集まる。治安もよいため旅行者も多く訪れる。

▶P.36/P.78

9 "グローバル"なビジネスタウン
ボニファシオ・グローバル・シティ（BGC）
Bonifacio Global City

膨張するマカティの代替地として開発が進む計画都市。快適に歩ける商業エリアが整備され、今や旅行者にも人気のスポット。

▶P.34/P.84

Platおすすめ モデルプラン
マニラ3日間
3 DAYS in MANILA

経済発展著しいマニラ。その今と歴史を効率的に味わい尽くす3日間。

いらっしゃいませ～

旅のプランづくりNAVI

① 移動を少なめに

マニラは交通渋滞のすごさでは世界に悪名をはせている。できるだけ移動を効率的に行うように工夫しよう。

夕立に気をつけよう

まったく車が動かないこともよくある

ボニファシオ&ザ・カティ
プーナン革命記念塔

下町に宿を取るのも楽しい

④ 宿泊先選びにも工夫を

観光プランを立ててから、そこへのアクセスがいい場所に宿を取ろう。宿からの移動だけで1日が終わったりしないように。

② ラッシュ時の移動を避けよう

特に出勤時間の朝や夕方のラッシュ時の混雑具合はひどい。なるべくその時間の移動を避けたプランを作ろう。雨が降るとさらに交通渋滞は悪化する。

⑤ 危険エリアに近づかない

マニラの治安は改善されているとはいうものの、現在もスリ、詐欺、強盗などが起こっている。あらかじめ、治安に関する最新情報をインターネットなどで調べて、特に夜間は治安の悪いエリアには近づかないように。

外務省海外安全情報
URL www.anzen.mofa.go.jp

③ 移動手段をうまく組み合わせて

高架鉄道（LRT/MRT）と、配車アプリのグラブGrabやほかの交通手段を組み合わせて移動しよう。いずれもラッシュ時は混み合うので注意。 ▷ P.129

トライシクル

新型ジプニー

高架鉄道MRT

出発前にグラブのアプリを

マニラでの配車アプリはグラブの一択。空港到着時から使えるので、出発前にアプリをダウンロードして、カード情報も入力し、使い方をおさらいしておこう。タクシーよりも安全だ。 ▷ P.126

空港内のカウンターでは、配車サポートも

本数は少ないので、船着場で確認を

パシッグ川フェリー
Pasig River Ferry Service

マカティのグアダルーペの船着場からチャイナタウンのエスコルタまで無料の公営フェリーで行くこともできる。

パシッグ川の渡し舟

バイクは渋滞時の強い味方

歴史と文化を学べる
イントラムロス&チャイナタウン
Intramuros & Chinatown

DAY 1 / 1日目

16世紀に造られた城塞都市イントラムロスはマニラ観光の目玉。
橋を渡った北側は世界最古のチャイナタウンで歴史的名店も健在。
南東側のリサール公園には、3つの国立博物館もある。

10:00 世界遺産のバロック様式に感動
サン・オウガスチン教会
San Agustin Church

▶P.81

マニラで唯一の世界遺産。石造りの教会としてはフィリピン最古といわれる。

ドーム天井の装飾は圧巻

堅牢さを感じられる入口

13:00 充実の展示が無料で見られる
国立博物館/美術館 National Museum

▶P.43
▶P.80

リサール公園には、芸術、人類学、自然史の3つの巨大な国立博物館がある。

国立人類学博物館の企画展示

高い天井を生かした大胆な展示(国立人類学博物館)

11:00 負の歴史にも目をそらさずに学びたい
サンチャゴ要塞
Fort Santiago ▶P.81

イントラムロス随一の見どころ。激動のフィリピンの歴史を知る。

獅子と城の紋章はスペイン帝国の紋章

城壁に残された大砲

URL www.bambike.com

バンバイク
Bambike

竹自転車でイントラムロス内を回るエコツアーに参加して仲間を作るのもいいかも。

▶Map P.138-B2

15:00 フィリピン人を見習ってメリエンダ
マスキ Masuki ▶P.33

鉄板メリエンダメニュー、フィリピンのご当地麺マミを発祥の店で楽しむ。

さっぱりしたチキンスープがおいしい

シオパオもチャイナタウン名物

16:30 古き金融街跡地でアートの風を感じる
エスコルタ通り Escolta Street

19世紀後半にビジネス街として栄えた歴史的ストリートへ。 ▶P.83

装飾の美しい螺旋階段(ファースト・ユナイテッド・ビルディング)

アーティストによるポップなペイント(ファースト・ユナイテッド・ビルディング)

エスプレッソのおいしいエスコルタ・コーヒー(→P.63)

12:00 ランチはイントラムロスを上から眺めながら
ラ・カテドラル・カフェ
Cathedral Cafe

マニラ大聖堂の真裏にあってイントラムロスを見渡せる絶好のポイント。 ▶Map P.138-B1

フードメニューも充実

インパクトのある入口

18:30 フィリピン伝統のダンスでビュッフェ
バルバラス Barbaras ▶P.81

再びイントラムロスに戻って、スペイン統治時代に思いをはせ、迫力のダンスを見ながらビュッフェディナーを。

▶P.81

スペインの影響を受けた伝統衣装

スペイン&フィリピン料理のビュッフェ

アンティークのなかには19世紀の物も

DAY 2 2日目

発展するマニラを実感する
マカティ & BGC
Makati & BGC

フィリピン文化の象徴ともいえる大型モールでショッピング。
治安も良いこれらのエリアでは、
カフェ・ホッピングや博物館めぐりもリラックスして楽しめる。

10:00 わかりやすくフィリピンの歴史を学べる
アヤラ博物館
Ayala Museum

P.78 歴史に関する常設展はもちろん、コレクションなどの企画展も積極的に開催中。

大航海時代に関する展示

昔使われていた金の装飾品

改装を終えモダンに
生まれ変わった

11:30 巨大ショッピングモールでランチ
グロリエッタ/グリーンベルト
Glorietta/Greenbelt

P.70、72 アヤラ・センターにあるショッピングモールのうち、お目当てを選んでおみやげ買いとランチ。

海外ブランドから国内ブランドまで並ぶ（グロリエッタ）

週末にはイベントも開催
（グロリエッタ）

人気フィリピン
料理レストラン

13:00 テーマパークみたいなショッピングモール
ヴェニス・グランド・カナル・モール
Venice Grand Canal Mall

BGCの外れにあるひと味違うモールへ。ヴェニスのような人工運河は写真撮影にピッタリ。

P.85

謝肉祭の仮面も登場

突如出現する中世イタリアの世界

14:30 移転したばかりの美術館でアートなひと時
メトロポリタン美術館（The M）
Metropolitan Museum

P.42 巨大なアメリカ記念墓地（→P.85）を通って現代アートの美術館、別名「The M」へ。

予約が必要な場合もあるのでHPをチェック！

開放的なエントランス

ユニークな現代アートの企画展がめじろ押し

16:00 イベントに当たったらラッキー
ボニファシオ・ハイストリート
Bonifacio High Street

P.34 新しく造られた計画都市だからきれいに整備されている。涼しくなってきた夕方に散策を楽しもう。

オープンカフェも多い
ハイストリート

おしゃれなコーヒーショップで休憩

18:00 本格フィリピン料理を堪能しよう
ジョージ・アンド・オニーズ
George and Onnie's

P.15 椅子をつり下げた独創的な天井が有名な店で夕食。

甘過ぎずおいしいウベ入りケーキ

落ち着いたエリアにあるのでくつろげる

BGC行きバス

マカティからBGC行きのBGCバスは、LRTアヤラ駅の南のターミナルから出ている。ハイストリートを目指すならセントラル・ルートで。20～30分。₱13。6:00～22:00に運行。

郊外の緑のなかの美術館と若者たちのコミュニティへ

ケソン・シティ & アンティポロ
Quezon City & Antipolo

マニラの喧騒を逃れ、緑豊かな郊外に深呼吸をしに行こう。
帰りは、いくつかの有名大学のあるケソン・シティで途中下車。
若者文化に触れてみよう。

11:00 すがすがしい緑のなかでアート鑑賞
ピント美術館
Pinto Museum

P.87 高架鉄道Line 2で北上し、アンティポロ駅下車。ジプニーとトライシクルを乗り継いで緑あふれるピント美術館へ。

写真映えするスポットが多い

ギリシア風の建物が森の中に点在

こんな素朴な石のアートも

7つのギャラリーに膨大なノート作品を展示

パスタやピザなどの洋食がメイン

敷地内にあるカフェで食事も取れる

高架鉄道のすすめ
ケソン・シティや郊外に行くならラッシュを避けた時間にLRTで行こう。渋滞がないからタクシーやグラブより早く着くはず。ただし、スリにはご注意を。

16:00 若者たちの個性派ショップのコミュニティ
クバオ・エキスポ **P.43**
Cubao Expo

手作り感あふれる小さな個性的ショップが多い。授業を終えた大学生たちも集って、夜は夜で楽しい。

陶芸を楽しめる店

おしゃれなカフェ

乾杯!

夜のほうがにぎやか

19:00 地方発のフィリピン料理で3日間を締める
バディーズ
Buddy's

P.52 マニラの南、ケソン州ルクバオ発祥のフィリピン料理レストラン。名物の麺料理がおすすめだ。

ひまわりをモチーフとした内装

フィリピンでは麺をパンシットという

左余白（縦書き）：オスロブをはじめ、雄大な自然を楽しめる郊外に足を延ばしてセブの美しさを堪能しよう

Platおすすめ

モデルプラン
セブ3日間
3 DAYS in Cebu

日本から直行便の飛んでいるセブ島。ゆったりリゾートだけでなく、欲張りに過ごす3日間。

旅のプランづくりNAVI

1 旅の目的をクリアにしよう

優雅にリゾートを楽しむ目的なら、マクタン島の高級リゾート。フィリピン最古の町といわれたセブ・シティの町歩きも楽しみたかったら、拠点はセブ・シティに。

2 パッケージツアーを活用しよう

細長いセブ島の北や南、隣のボホール島などに足を延ばせば、変化に富んだ自然や庶民の暮らしに触れられる。旅行会社の企画するツアーに参加して効率的に回ろう。

3 旅のシーズンを選ぼう

雨の多い時期は避けたい

リゾート地なので、クリスマスや年末年始、イースターの休暇には宿の値段も跳ね上がり混雑する。ベストシーズンは1月中旬〜5月中旬頃。

シヌログ祭り

毎年1月の第3日曜日に行われるセブ最大のお祭り。セブ・シティでは、パレードやイベントなどが行われ、たいへんな混雑になる。この時期に訪れるなら早めの予約が必要。

珊瑚礁と熱帯魚の世界へ！

DAY 1
1日目

何はともあれ、きれいな海を満喫

マクタン島
Mactan Island

海でのアクティビティはマクタン島が拠点。高級リゾートは東海岸にあって、多くがプライベートビーチをもっている。

09:00 さっそく海の中をのぞいてみよう

重い装備も水中では平気

体験ダイビング
Diving Experience ▶P.102

朝出て14:00頃に戻ってくるのが一般的。ランチは途中ビーチリゾートのレストランや船上で。

バンカーボートで出発

15:00 お手頃なプライベートビーチ

マクタン・ニュータウン・ビーチ
Mactan Newtown Beach

開発が進むニュータウンエリアにあるサボイホテルのビーチ。高級リゾートのデイユースと比べるとリーズナブルに楽しめる。

料金 ₱650（食事付き） URL www.savoyhotelmactan.com.ph

17:00 旅の疲れをスパで癒やす

アムマ・スパ ▶P.110
Amuma Spa

ブルーウオーター・マリバゴ・ビーチ・リゾート（→P.114）内にあるアムマ・スパでリラックス。

おみやげのコスメも充実

19:00 リゾートでディナー

アレグロ ▶P.107
Allegro

ブルーウオーターのレストラン、アレグロのディナービュッフェ。夜の海風に吹かれながら食べる食事は格別。

マグロはフィリピンでも人気

アレグロ名物のバンブーライス

DAY 2
2日目

せっかくだからセブの歴史も知りたい

セブ・シティ
Cebu City

1521年にマゼランが上陸したセブには
旧跡も数多く残されている。

10:00 セブ歴史ウオーク
Cebu Historical Walk ▶P.112

スペイン統治時代を感じさせる建造物
などを歩いてみよう。

カトリック
信仰の中
枢、サント・
ニーニョ教会
（→P.112）

サン・ペドロ要塞の中
は公園（→P.113）

六角形の建物が特徴的の
マゼラン・クロス（→P.112）

12:00 セブといえば豚の丸焼きのレチョン
ハウス・オブ・レチョン
House of Lechon

セブでも指折りの名店
でレチョンを楽しむ。
▶P.106

レチョンは
豚の丸焼き

ブイヨン
の利いた
ソース

13:00 セブ最大の市場に潜入
カルボン・マーケット
Carbon Market ▶P.112

庶民に愛される市場

15:00 ビジネスタウンとしてのセブ
アヤラ・センター・セブ
Ayala Center Cebu

都会的なショッピングモールで、休
憩とショッピング。スーパーも入って
いておみやげ探しにもいい。

市街地から近くて便利

18:00 シーフードを堪能
オイスター・ベイ・シーフード・レストラン
▶P.107
Oyster Bay Seafood Restaurant1

ビサヤ地方の海鮮を注文後、生
けすから出して調理してくれるシー
フードレストランで海の幸を満喫。

大きなロ
ブスター

アクアリウムのような生けす

DAY 3
3日目

ジンベエザメと泳ごう

オスロブ
Oslob

セブ島南端のオスロブへの日帰りツアーは、
忘れられない体験になること必至だ。

04:30 1日かけても行く価値あり！
ジンベエザメ1日ツアー
Whale Shark Watching Tour ▶P.98

出発は早朝。3〜4時間でオスロブに到
着。夜7時くらいに戻ってくるのが一般的。

体は大きいが
優しい性格

ボートに乗って近づく

ジンベエザメ

体長は小さなもので
3〜4m、大きいと13
mにも及び、世界で
いちばん大きい魚。
プランクトンなどを主
食とし、性格はおと
なしい。英語名はホ
エール・シャーク。

ツアーはラ
ンチ付き

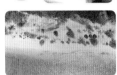

ツアーに含まれることの多いスミロン島

19:00 最後の夜はグリルチキンの名店で
マリバゴ・グリル
Maribago Grill ▶P.106

マクタン島随一の人気店
で旅の最後のディナー。
南国感満載のバンガ
ローで大人気のグリルチ
キンを楽しもう。

エビのグリルもまたおいしい

内装はスタイリッシュ

東屋のカウンターで旅話を

本書の使い方

本書は、マニラガイド（TO DO LIST）、グルメガイド、ショッピングガイド、エリアガイド、おすすめホテルリスト、セブガイド、トラベルインフォメーション、MAPによって構成されています。

\Check!!

おすすめスポットと歩き方ルートを紹介

ポイントをおさえながら回る散策ルートを所要時間とともに紹介しています。

知っていると便利な情報

町歩きがいっそう楽しくなる、コラムやチェックポイントを掲載しています。

はみだし情報

旅に役立つ補足情報やアドバイス、マニラの町に詳しくなる雑学、口コミネタなどを紹介しています。

エリアの特徴を紹介

各エリアの特徴や楽しみ方、効率よく散策するためのヒント、最寄り駅といった交通案内などを簡潔にまとめました。

電話番号について

マニラの市外局番は(02)、セブは(032)。携帯電話は頭の0を含めて11桁。連絡先が携帯番号しかない施設や店も多くあります。

地図参照について

▶Map P.132-C1

各物件の位置は、巻末P.132～141のMAPで探すことができます。

アイコンの見方

 観光スポット
 レストラン
　カフェ
　ショップ
　ナイトスポット

データの見方

住　住所
TEL　電話番号
Free　フリーダイヤル
FAX　ファクス番号
開　営業時間、開館時間
休　定休日、休館日
料　入場料、宿泊料など
Mail　Eメールアドレス

Card　クレジットカード
A　アメリカン・エキスプレス
D　ダイナース
J　JCB
M　マスター
V　ビザ
交　交通案内、行き方
URL　ホームページアドレス

道路名の略称

Blvd.　Boulevard
Dr.　Drive
Hwy.　Highway
St.　Street
Cor.　Corner
Ave.　Avenue

※本書は正確な情報の掲載に努めていますが、ご旅行の際は必ず現地で最新情報をご確認ください。また掲載情報による損失等の責任を弊社は負いかねますのであらかじめご了承ください。

11 THINGS TO DO IN

MANILA

マニラでしたいこと＆
マニラでしかできないこと

急激に経済が発展し続けるフィリピン。
マニラに来たからには絶対に外せない11のテーマで
生まれ変わりゆくゆく注目の都市の姿を目撃せよ！

☑ **01** ハロハロ（混ざり合う）な食文化を味わう
フィリピンスイーツ百科
▶ P.14 *Filipino Sweets*

☑ **02** 町角を風切って走るストリートの帝王
ジプニー！ ジプニー！ ジプニー！
▶ P.16 *Jeepney*

☑ **03** 南国ならではのお楽しみ
トロピカルフルーツ天国
▶ P.20 *Tropical Fruits*

☑ **04** モダン・マニラの象徴
アヤラ・センターを遊び尽くす！
▶ P.22 *Ayala Center*

☑ **05** 新旧のマニラを一度に味わう
**ベイエリア ＆ロハス大通りの
新しい歩き方**
▶ P.26 *Bay Area & Roxas Boulevard*

☑ **06** 激動の歴史を肌で感じる旅に出よう
マニラ ヒストリカル ツアー
▶ P.30 *History*

☑ **07** 進化が止まらないマニラのハイエンドスポット
近未来都市BGCへ
▶ P.34 *Bonitacio Global City*

☑ **08** マニラでいちばんホットな町
ポブラシオンを徘徊する
▶ P.36 *Poblacion*

☑ **09** メガロポリスの夜景に息をのむ
**絶景ルーフトップバーで
ロマンティックな夜を**
▶ P.38 *Rooftop Bar*

☑ **10** 幅広いバリエーションが自慢！
**極楽スパ＆マッサージで
癒やされる**
▶ P.40 *Spa & Massage*

☑ **11** マニラはコンテンポラリーアートが熱い！
アートな1日を満喫する
▶ P.42 *Contemporary Art*

下までよくかき混ぜて食べるのがフィリピン流！

ジャックフルーツ ／ コーンフレーク
ウベアイス
アイスクリーム
カオン
マカプノ
ゼリー ／ レチェフラン
かき氷

スーパー
ハロハロ
₱218

1 アイスバーグ
Icebergs

カラフルな具材を上に盛りつけるタイプで、見た目にも華やか。アイス専門店なので、ほかにもパフェやフルーツかき氷など、冷たいデザートが充実している。フィリピン料理のメニューもある。

パサイ ▷Map P.134-B2
🏠Ground Floor, South Wing, Mall of Asia, Pasay 📞(02)8556-0762 🕐10:00〜23:00 休なし Card MV 🚉高架鉄道Line1エドゥサ駅からタクシーやジプニーで15分

ハロハロ
スペシャル
₱160

レチェフラン

2 ラゾンズ・オブ・グアグア
Razon's of Guagua

大人気メニューのハロハロはシンプルで素朴な味わい。パンパンガ州グアグア発のファストフード店で、メトロ・マニラ各地に出店している。

パサイ ▷Map P.134-A2
🏠Building F, SM by the Bay, Pasay 📞(02)8556-6192 🕐10:00〜22:00 休なし Card不可 🚉高架鉄道Line1エドゥサ駅からタクシーやジプニーで30分

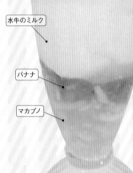

かき氷
水牛のミルク
バナナ
マカプノ

ハロハロ
ハラナ
₱890

ビニピグ ／ ウベアイス
レチェフラン
ウベ
かき氷
スイート
ビーンズ

人気
No.1

ランカ
カオン
マカプノ
ナタデココ ／ ガルバンゾ

01
Filipino Sweets

ハロハロ（混ざり合う）な
食文化を味わう

フィリピン
スイーツ百科

Taste Various
Filipino Desserts

3 ザ・ロビー
アット・ザ・ペニンシュラ・マニラ
The Lobby Lounge at The Peninsula Manila

ペニンシュラはハロハロも超高級。通常ハロハロに使用されるありとあらゆる具材を使用し、すべてをホテルで手作りしている。

マカティ ▷Map P.136-B2
🏠Ayala Ave. Cor. Makati Ave., Makati 📞(02)8887-2888（内線6759）🕐7:00〜23:00 休なし Card ADJMV 🚉高架鉄道Line3アヤラ駅から徒歩15分 URL www.peninsula.com

ハロハロ用語講座
レチェフラン Leche Flan ……… カスタードプリン
マカプノ Macapuno ……… ココナッツ
カオン Kaong ……… サトウヤシ
ビニピグ Pinipig ……… ライスフレーク
ランカ Langka ……… ジャックフルーツ
ガルバンゾ Garbanzo ……… ヒヨコ豆

フィリピンのスイーツは米、ウベ（紫山イモ）、キャッサバ（タピオカの原料のイモ）を使い、現地の食文化をベースに、植民地として統治を受けたスペイン、アメリカ、そして東アジアの影響を多分に受けている。

さすがお米の国

フィリピンにはキャッサバや米などさまざまな材料や調理法によってプト（餅）が作られ、地方間を走るバスのターミナルなどで売られている。食べ比べてみるとフィリピンの多様な地域性が感じられる。

バスターミナルPITXの売店

スマン

人気No.2

米やキャッサバをバナナの葉で包んで蒸す（サルセド・コミュニティ・マーケット ▶P.58）

トゥロン

人気No.3

バナナを春巻生地で包んで揚げる（ウグボ・ザ・バクラララン ▶P.60）

プト・ブンボン

米粉を丸めて竹筒で蒸して作る

ピチピチ

キャッサバを練って蒸す

米粉やキャッサバを蒸して着色

クチンタ

4 バイキングス・ビュッフェ
Vikings Buffet

マカティのポブラシオンにあるSMジャズ・モール内のビュッフェ。ローカル色豊かなフィリピンスイーツから地元食材を使ったケーキまで豊富なスイーツのレパートリーを揃えている。

マカティ ▶Map P.136-B1

住 Ground Floor, Jazz Mall, Metropolitan Ave., Cor. Nicanor Garcia, Makati 電 (0917) 827-1888 開 ランチ11:00～14:30、ディナー17:00～21:00 休 なし Card ADJMV 交 高架鉄道Line3 ブエンディア駅からタクシーで10分 URL www.vikings.ph

ビビンカ

米をバナナの葉で包んだ蒸しケーキ

バナナケーキ

バナナの風味が感じられる

ウベ・バスクチーズケーキ
₱300

甘さ控え目で食べやすい

ビビンカ・チーズケーキ
₱350

伝統のビビンカをチーズケーキにアレンジ！

5 ジョージ・アンド・オニーズ
George and Onnies

フィリピンテイストのスイーツが人気のカフェ。椅子を使った内装は独創的だが店内は落ち着いた雰囲気でリラックスできる。マカティのサルセドなどにも出店している。

BGC ▶Map P.137-D1

住 Ground Floor, World Plaza, 4th Ave., Cor. 31th St., Taguig 電 (02) 8777-7383 開 7:00～翌2:00 休 なし Card MV 交 高架鉄道Line3 ブエンディア駅からタクシーで10分 URL wildflour.com.ph/george-and-onnies

カラマンシー・クリーム・パイ
₱200

カラマンシー（→P.20）を使っている

町角を風切って走るストリートの帝王

ジプニー! ジプニー!

Jeepney! Jeepney! Jeepney!

アメリカ軍が残していったジープをフィリピン色に染めあげた
フィリピンならではの乗り物、それがストリートの帝王ジプニーだ!

ジプニーの車体の装飾は、キリストからアニメのキャラクターまでさまざま

ジプニー！

庶民の足として大活躍！

\Check!/

ジプニーはフィリピンで最も利用されている移動手段。ルート上であれば、好きな場所で乗り、好きな場所で降りることのできるたいへん便利な乗り物だ（近年、渋滞の原因として規制の対象になりつつある）。市内は₱13と料金も格安。観光客は高架鉄道やタクシーを利用することが多いが、ジプニーは庶民の足として今日も町を走っている。

Column

ジプニー学入門

戦後、アメリカ軍が残していったジープが民間に払い下げられ、それをフィリピン人流に改造したものがジプニーの原型。庶民の憧れだったカレッサ（馬車）を象徴する馬の像をボンネットに付け、車体にはそれぞれ好きなデザインを施す。ド派手に飾りつけた姿はフィリピンのシンボルであり、庶民の生活になくてはならないものでもある。

⑲おみやげショップ、クルトゥーラ（→P.64）ではジプニーTシャツも手に入る

ジプニー好きなら見逃せない！
人気ジプニースポット
Popular Jeepney Spot

ジプニー工場を見学！

サラオ・モータースは1953年創業の老舗自動車工場。創業者のロナルド・サラオさんは、ジプニー製造のパイオニアで、「ジプニーといえばサラオ」といわれるほどその名は浸透している。現在は新型ジプニーへの移行などで規模は縮小しているが、工場が一般に開放されており、自由に中を見学することができる。

サラオ・モータース Sarao Motors

ラス・ピニャス ▸Map P.134-B3外

住249 Pulang Lupa, Zapote, Las Piñas 電(02)8874-7598 時7:00〜11:00、12:00〜16:00 休土・日 料無料 交バクラララン教会東側からアラバンAlaban、サポーテSapote行きのジプニーで30分〜1時間。終点のセント・ジョセフ教会前で下車し、そこから南方面に向かうジプニーで5分程度

1 パラワンの高級リゾート、クラブ・パラダイスのエアコン付きジプニー　2 ジプニーの整備をしている従業員

新型ジプニーの登場で危機的状況！

ヘネシーのジプニー

近くにある名所も訪れよう！

\Check!!/

バクラララン発のジプニーの終点であるセント・ジョセフ教会（1816年建造）は竹でできたパイプオルガンで有名なラス・ピニャスの名所。工場と一緒に訪れたい。

実際に乗ってみよう！
ジプニー乗車指南　How to Ride a Jeepney

バヤッド！（勘定）

パーラ・ポ（停まってください）

❶ まずは人差し指を立てて合図
フロント、車体に描かれた行き先を素早く読み取って、人差し指を立てて停まってもらう。

❷ いざ乗り込もう
停車時間はわずか。スムーズに乗り込もう。後部に座ったほうが降りやすい。

❸ 料金を支払う
後部に乗った場合、運転手までは距離があるので、前の乗客に渡して支払おう。

> ⚠ **注意点** エリアによってはスリなどの犯罪に巻き込まれることも。安全なエリアでも十分に気をつけて利用しよう。いちばん端の席であればスリに遭う確率を減らすことができる。

━━ 利用しやすい区間 ━━

マカティループ Makati Loop
▸Map P.135-C1〜2
マニラ随一の繁華街マカティのルートなので、比較的安全。まずは行き先がわかりやすい交通拠点のワン・アヤラ（→P.130）から乗車してみよう。

エドゥサ駅〜SMモール・オブ・アジア
EDSA Sta.〜SM Mall of Asia
▸Map P.134-B2
エドゥサ駅そばからSMモール・オブ・アジア行きのジプニーが頻発している。モールまでの道は一直線なのでわかりやすい。

集金係が
乗車している
こともある

デザインや
タイプも
さまざま!

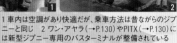

1 車内は空調があり快適だが、乗車方法は昔ながらのジプニーと同じ　2 ワン・アヤラ(→P.130)やPITX(→P.130)には新型ジプニー専用のバスターミナルが整備されている

ジプニーも便利で快適に
新世代のジプニー

Modern Jeepney

世界的な排気ガス・CO_2排出規制の潮流のなか、政府は旧式のエンジンを使ったジプニーを段階的に廃止し、環境性能のよいエンジンや電気を利用した新型ジプニーに更新していく方針だ。

新しい交通システムが
導入されて便利に!

メトロマニラの
電気自動車

マカティなどの一部地域では、ソーラーパネルを搭載して電気で走るジプニーやトライシクルが導入されつつある。

₱1999

木製の模型
(クルトゥーラ　P.64)

₱189

ジプニーの柄をあしらった貯金箱
(パペメルロティ　P.66)

Philippines

₱12

ポストカード(パペメルロティ　P.66)

₱1万2000

ライト
(ルスタンズ　P.65)

持ち帰って
ジプニーを愛でる
ジプニーグッズ
コレクション
Jeepney Goods
Collection

各₱229

刺繍缶バッジ
(コモン・ルーム　P.66)

₱1万

木彫りの
ブックスタンド
(ルスタンズ　P.65)

₱5500

ジプニーを
モチーフにした
籐細工のバック
(ザラ・フアン　P.71)

ミンダナオ島はフルーツの名産地。特にドリアンが有名

TO DO LIST ☑

03
Tropical Fruits

南国ならではのお楽しみ ＼果物三昧／
トロピカルフルーツ天国
Tropical Fruits Paradise

ココナッツ、マンゴー、ドリアン、バナナ──
フィリピンはトロピカルフルーツのパラダイス。

トロピカルフルーツ百科

マンゴー *Mango*
ペリカンマンゴーとも呼ばれる。地域によって収穫時期が異なり年間を通じて収穫できる

マラン *Marang*
ミンダナオ島やボルネオ島で生産されている。匂いが強烈で珍味として知られる

盛りつけ！

カラマンシー *Calamansi*
フィリピンで最もポピュラーな果物。小さな見た目とは裏腹に栄養価が高いことで知られる

サントル *Santol*
原産はマレー半島やインドネシア。種の周りの甘酸っぱい部分を食べる。

ココナッツ *Coconut*
フィリピンはココナッツオイルの生産量が世界一。ココナッツ庁という政府機関もある

バナナ *Banana*
日本でもおなじみのフルーツ。フィリピンにはさまざまな品種がある

マンゴスチン *Mangosteen*
"フルーツの女王"の名にふさわしい上品な甘さをもつ。服に汁が付くと取れにくい

ドリアン *Durian*
ミンダナオ島名産の"果物の王様"。アルコールと一緒に取るのは控えよう

●シーズナリティチャート

		1月	2月	3月	4月	5月	6月	7月	8月	9月	10月	11月	12月
バナナ	Banana												
マンゴー	Mango												
マンゴスチン	Mangosteen												
ココナッツ	Coconut												
カラマンシー	Calamansi												
ドリアン	Durian												
ドラゴンフルーツ	Dragon Fruits												
ランブータン	Rambutan												
ランソネス	Lanzones												
グヤバノ	Guyabano												
アティス	Atis												
マラン	Marang												
ポメロ	Pomelo												
サントル	Santol												
タマリンド	Tamarind												

■■■→旬のシーズン　　　→旬ではないが手に入る

タマリンド *Tamarind*
アフリカ原産。フィリピンでよく飲まれるスープ、シニガンの酸味の正体はこれ

ランソネス
Lanzones
フィリピン南部でよく取れる果実。味はライチに似ている

ドラゴンフルーツ
Dragon Fruit
ビタミン、葉酸など、栄養価が高いことで知られるサボテン科のフルーツ

グヤバノ *Guyabano*
サワーソップ、トゲバンレイシとも呼ばれる。果肉はねっとりで繊維質

中はこんな感じ！

ポメロ *Pomelo*
大型の柑橘類。果実は赤く、酸味が少ないので食べやすい。せき止めにもなる

アティス *Atis*
釈迦頭、バンレイシ、シュガーアップルとも。出回ることの少ないフルーツのひとつ

ランブータン *Rambutan*
「ランブー」はマレー語で毛を意味する。味や食感はライチに似ており、大きな種をもつ

マーケットで新鮮フルーツを食べよう！

in ファーマーズ・マーケット

メトロ・マニラにはフルーツが手に入るマーケットがいくつかあり、なかには購入したものをその場で食べさせてくれるところも。新鮮な取れたてフルーツを思う存分味わおう。

ダンパとは、新鮮なシーフードを料理してくれるフードコートのようなもの

ポメロの皮はむいておきますね

スターアップル、ドラゴンフルーツ、バナナで、合計₱146

何にしようかしら
① まずは好きなフルーツを選ぼう

② 簡単な処理をしてもらおう

③ ダンパへ移動

④ 新鮮フルーツを召し上がれ！

ファーマーズ・マーケット
Farmer's Market（ダンパ）
ケソン ▶**Map** P.133-D2
住General Araneta, Cubao, Quezon 時6:00～21:00 休なし Card不可 交高架鉄道Line3クバオ駅、Line2アラネタ・センター・クバオ駅から徒歩5分

そのほかのおすすめマーケット \Check!/

マーケット！マーケット！のフィエスタ・マーケットは新鮮でリーズナブルなフルーツが手に入ると人気。購入すればその場でカットしてくれる。

フィエスタ・マーケット
Fiesta Market（→P.35）
BGC ▶**Map** P.137-D1
住Market! Market!, McKinley Parkway, BGC, Taguig 電(02)7755-7900 時10:00～21:00（金・土 ～22:00）休なし Card不可 交高架鉄道Line3アヤラ駅そばのEDSAアヤラターミナルからバスで20分

T O D O LIST ☑

04
Ayala Center

モダン・マニラの象徴

アヤラ・センターを遊び尽くす！

高層ビルが建ち並ぶ商業の中心地マカティ。
食・買・遊すべてが揃ったこの一大商業エリアでモダンなマニラを体験しよう！

アヤラ・センターの魅力 ＼3大ポイント／

POINT 1 買い物天国！
Shopping Paradise

いくつものショッピングセンターで構成されているエリアだけに、ここに来れば揃わないものはないといっていい。欧米ブランドはもちろん、おしゃれで格安なローカルブランド、民芸品を扱う店などもあり、まさに買い物天国！

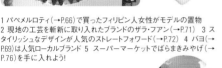
グリーンベルト4のブランド専門館。欧米のハイブランドが勢揃いする

1 パペメルロティ（→P.66）で買ったフィリピン人女性がモデルの置物 2 現地の工芸を斬新に取り入れたブランドのザラ・フアン（→P.71） 3 スタイリッシュなデザインが人気のストレートフォワード（→P.72） 4 バヨ（→P.69）は人気ローカルブランド 5 スーパーマーケットでばらまきみやげ（→P.76）を手に入れよう！

POINT 2 グルメ三昧！
Various Gourmet

人の集まるところに食あり。ショッピングセンターには、ハイクラスのレストランから格安で済ませられるファストフードまで数えきれないグルメスポットがある。周囲を取り囲む高級ホテルにも注目すべきレストランが揃っている。

シェフのおすすめよ！

1 ミシュラン1つ星シェフの味が楽しめるティム・ホー・ワン（→P.73） 2 ザ・ペニンシュラ・マニラのハロハロ（→P.14） 3 モダンなフィリピン料理店、メサ（→P.71） 4 ランドマークの地下にあるフードコート

POINT 3 都会のオアシス
Oasis in the City

指折りの高級ホテルが集まるのもこのエリアならでは。優雅なホテルを拠点にこの町を歩くのが新たな旅のスタイルとなっている。また、フィリピンでは、高級ホテルのスパが比較的リーズナブルに利用できるのも魅力。

ラッフルズ・マカティ（→P.88）のプールでシティリゾートを満喫

マカティ シャングリ・ラ マニラ（→P.88）の極上スパ

アヤラ・センターを 徹底解剖！

巨大な建物の集合エリアなので、歩くと意外に広い。
どこで何が楽しめるかを徹底解説！ ▶ Map P.136-B3

> グリーンベルト
> 1は建て替え
> のため閉鎖中

都会のオアシスとして愛される高級モール
グリーンベルト *Greenbelt* (→P.70)

緑あふれるグリーンベルト公園を取り囲むように、グリーンベルト1～5の建物が並ぶ。レストラン、ショップともにハイグレードのテナントが揃っており、旅行者やマニラの富裕層に人気がある。映画館や博物館など見どころも充実。

グリーンベルト4は高級ブランドが勢揃い

歩き方のコツ \Check!!

1 朝や夕方のラッシュ時、アヤラ・センター周辺はタクシー乗り場でなければ路上でつかまえるのは難しい。地図のタクシー乗り場を参考にしよう。また、グラブタクシー（→P.126）も上手に活用しよう。

2 高架鉄道Line3のアヤラ駅をスタート地点として、いくつかのショッピングセンターがウオークウエイでつながれている。たとえ雨の日でも、一度も外に出ることなくショッピングが楽しめる。

G → グラブタクシースタンド
T → タクシー乗り場

（左余白・縦書き）
ランドマークは生活雑貨が格安で手に入るため、サリサリストア（町や村のよろず屋）の主人も仕入れに来る

マカティ シャングリ・ラ・マニラ

ザ・ペニンシュラ・マニラ

5

1 （建て替え中） **グリーンベルト**

グリーンベルト公園

4　ザ・リンク

6750アヤラ・アベニュー

ルスタンズ

2F

ランドマーク 2F

グロリエッタ

2

3

ニュー・ワールド・マカティ・ホテル・

ラッフルズ・マカティ・

フェアモント・マカティ・

4

1

> 地下のスーパーマーケットはおみやげのまとめ買いにおすすめ！

庶民に愛されるデパートメントストア
ランドマーク *Landmark* (→P.76)

ローカルの人々向けの生活雑貨を扱う庶民派デパート。地下のフードコートはディスプレイされた料理を見て注文できる。食品や日用雑貨が安く買えるスーパーマーケットも入っている。

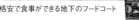
格安で食事ができる地下のフードコート

デュシタニ・マニラ

欧米の高級ブランドが充実

ルスタンズ *Rustan's* (→P.65)

ティファニーやカルティエ、サルヴァトーレ・フェラガモ、ダンヒルなど、欧米の一流ブランドが軒を連ねる高級デパート。アイランド・スパも入っている。

最上階には高品質のみやげ物を揃えるおすすめ店がある

館内はラグジュアリーな雰囲気　　最上階の高級みやげ物店

フィリピンらしい "ごちゃまぜ" モール

グロリエッタ *Glorietta* (→P.72)

グリーンベルトとともに、アヤラ・センターを代表するショッピングセンター。グリーンベルトと同様に1～5にエリアが分かれ、あらゆるタイプのテナントがごちゃまぜになって入っている。グリーンベルトよりも若干庶民的な印象。

ローカルファッションブランドが充実！

まるで迷路のようにフロアが広がる

5

ⓖ

ワン・アヤラ

Ⓣ

ティ

フィリピン各地に展開 (→P.76)

SMマカティ *SM Makati*

フィリピンの主要都市に展開する全国チェーンの大型デパート。衣服、電化製品、食料品まで何でも揃えている。1階のスーパーマーケットは比較的クオリティが高く人気。

2階にあるクルトゥーラ(→P.64)はおみやげ探しに最適

アヤラ駅

3F

地下にはみやげ物を集めたコーナーも

高級ホテルで優雅な時間を

1 マカティ シャングリ・ラ マニラ
Makati Shangri-La, Manila (→P.88)

レストランは香宮Shang Palace(中国)、セージグリルSage Grill(グリル料理)が評判。憧れのスパ・アット・シャングリ・ラSpa at Shangri Laでリラックスするのもいい。

セージグリル

2 デュシタニ・マニラ
Dusit Thani Manila (→P.88)

日本人に人気のホテルで、日本人スタッフ常駐の旅行会社も入っている。テワラン・ウエルネスDevarana Wellness(→P.40)ではタイの伝統マッサージを受けられる。タイ料理店も人気。

テワラン・スパ

3 ニュー・ワールド・マカティ・ホテル
New World Makati Hotel

▶Map P.136-B3

グリーンベルトの目の前で、ロケーションは抜群。中国料理のジャスミンJasmineではおいしい飲茶ビュッフェが評判で、ランチ&ディナータイムで楽しめる(金・土曜以外)。

ジャスミン

4 ザ・ペニンシュラ・マニラ
The Peninsula Manila (→P.88)

サロン・ド・ニンSalon de Ningは著名人が足しげく通う大人の社交場。広々としたゴージャスなザ・ロビーThe Lobbyは、高級ハロハロ(→P.14)で有名。

ロビーラウンジ

5 ラッフルズ・マカティ&フェアモント・マカティ
Raffles Makati & Fairmont Makati (→P.88)

ライターズ・バーWriter's Barのアフタヌーンティーはコスパがよいと評判。伝統と格式を守るロング・バーLong Barではオリジナルカクテルを楽しみたい。

ロング・バー

新旧のマニラを一度に味わう

ベイエリア&ロハス大通りの
新しい歩き方

マニラのオリジンであるイントラムロスから
パサイ市を経てパラニャーケ市の新興開発地区まで
マニラの発展を体現するマニラ湾沿いの新しい歩き方

How to walk
Bay Area
Roxas Boulevard

TODO☑
LIST
05
Bay Area & Roxas Boulevard

エルミタやパサイの高層ホテルからは、ロハス大通りやマニラ湾の景色が見られる

ロハス大通り
Roxas Boulevard

マニラの発展を
支えた海岸道路

メトロ・マニラのオリジンともいえるイントラムロス、かつてはマニラきっての歓楽街としてにぎわったエルミタ&マラテ、そして埋立地に複合施設が次々に建っているパサイ市やパラニャーケ市。ロハス大通りを南下すると、マニラの発展の足跡をたどることができる。

ロハス大通りの歴史

20世紀初頭の都市計画にはすでにこの大通りが組み込まれており、これまで幾度も名を変えて現在にいたる。ちなみに1941年からの日本統治時代にはヘイワ大通りHeiwa Boulevardと呼ばれていた。現在の名称は5代大統領マニュエル・ロハスManuel Roxasからつけられた。

1931年
のロハス
大通り

ベイエリア
Bay Area

拡大し続ける
エンタメ・エリア

ロハス大通りを南下してエドゥサ通りと交差したあたりから先のマニラ湾沿いに広がるのは、広大な埋め立て地を利用した新興開発エリア。

2023年、韓国アイドルITZYも公演

アリーナではバスケットボールの試合やコンサートを開催

ベイ・エリア発展の象徴
モール・オブ・アジア・コンプレックス

Mall of Asia Complex

Map P.134-A・B2

SMモール・オブ・アジア（MOA）を中心に次々と新しい施設が造られていて拡大中。コンプレックス内には、遊園地、国際会議場、2万人収容のアリーナ、ホテルなどがある。

アジア最大級のモール `Pick up!`
SMモール・オブ・アジア

SM Mall of Asia (MOA) **P.74**

巨大な地球儀が目印。総フロア面積約59万平方メートルの巨大なショッピングモールで、2024年現在、その大きさはフィリピンいち。なかにはスケートリンクや、IMAXシアター、16の映画館などもある。

北欧発の巨大ショップ `Pick up!`
イケア

IKEA Philippines **Map** P.134-B2

2021年、MOAコンプレックス内にオープンしたMOAスクエアに入っている、日本でも知られているスウェーデン発の家具とインテリアショップ。世界最大のイケアだそうで、全部見て回るだけで精いっぱい。

IRをマニラ観光の目玉に
エンターテインメント・シティ **Map** P.134-B3

Entertainment City **P.44**

MOAの南、運河を渡るとパラニャーケ市に入る。ソレア・リゾート＆カジノ、シティ・オブ・ドリームス、そして金色に輝く巨大なオカダ・マニラが2017年にオープンして、大人が楽しめる総合カジノリゾート地として発展し続けている。

フィリピンで最大のカジノ

さんぜんと輝くオカダ・マニラ

船乗りたちが呼び始めたという

世界3大夕日？

ひと昔前まで、マニラ湾の夕日は世界3大夕日に数えられていた。湾沿いの開発が進んでしまってはいるが、今でもその美しさはなかなかのもの。マニラでは太陽が真西に落ちるため、限りなく広がる海の真ん中に沈む夕日は壮大だ。

エルミタ、マラテは、コロナ禍を乗り越えて再びにぎやかさを取り戻している

おしゃれなスポットが増えつつあるかつての歓楽街
エルミタ＆マラテ地区（マニラ市）*Ermita & Malate*

通称"ツーリストベルト"と呼ばれ、古くから旅行者の拠点として、またマニラいちの歓楽街として栄えたエリア。1990年代に取り締まりが行われ、ゴーゴーバーなどは姿を消したが、飲食店やバーが多く、以前同様、繁華街であることには違いない。治安には留意が必要だ。

1 ごみごみとした庶民的な町並みのエルミタ 2 エルミタにある子どもたちに人気の博物館、ムセオ・パンバタMuseo Pambata

❸ ベイウオーク

マラテ教会

18世紀に建造された古い教会。緻密な細工が美しいファサードが見もの。

📍Map P.139-C3
🏠2000 M.H. Del Pilar St., Malate, Manila
📞(02)8523-2593 🚇高架鉄道Line1キリノ駅から徒歩10分 URL www.malatecatholicchurch.org

❷ Cラウンジ（コンラッド・マニラ）

ロハス大通り沿いには、庶民の暮らしを肌で感じる見どころがたくさん！

（地図）

エンターテインメント・シティ
オカダ・マニラ ▶P.44
ソレア・リゾート＆カジノ
SMモール・オブ・アジア（MOA） ▶P.74
ダンパ ▶P.50
J.W. Diokno Blvd.
EDSA Ave.
New Seaside Dr.
Diosdado Macapagal Blvd.
▶P.44
シティ・オブ・ドリームス・マニラ
ロハス大通りRoxas' Boulevard
外務省
日本大使館
ミダスホテル ▶P.60
F.B. Harrison St.
PITX バスターミナル ▶P.130
パサイ市
Quirino Ave.
パラニャーケ市

バクララン教会＆マーケット

マニラでは最も重要な教会のひとつで、周囲には巨大なマーケットが広がる。一角にはフード屋台が並ぶウグボ・サ・バクララン（→P.60）がある。

📍Map P.134-B2
🏠Baclaran, Parañaque 🕐24時間 休なし
🚇高架鉄道Line1バクララン駅から徒歩5分 URL www.baclaranchurch.org
※以上は教会のデータ

空港周辺も変貌中
パラニャーケ市
Parañaque

空港ターミナル3周辺には、2022年にホテル・オークラ・マニラ（→P.88）がオープン。また、シェラトンやホリディイン系列などの国際ホテルも進出して様変わりしている。リゾート・ワールドも「ニューポート・ワールド・リゾート」と名前を変えて再スタートしている。

和食レストランの質もさすがのホテル・オークラ

ニノイ・アキノ国際空港 ✈

マニラ・オーシャン・パーク

水族館をはじめ、レストラン、ショップ、ホテルもあるテーマパーク。
▶Map P.138-A3
住Behind Quirino Grandstand, Luneta, Manila 電(02)8567-7777 開10:00～18:00
休なし 料オンライン予約P699～ 交高架鉄道Line1U.N.アベニュー駅から徒歩15分
URLmanilaoceanpark.com

① ハーバー・ビュー・レストラン

ザ・マニラ・ホテル P.88
ムセオ・パンバタ
イントラムロス P.30/P.80
ロハス大通り Roxas Boulevard
リサール公園 P.80
エルミタ
マニラ市
マラテ
中央銀行
Quirino Ave.
Ave.

ドロマイト・ビーチ

コロナ禍でオープンした白い石が敷き詰められた人工ビーチ。
開6:00～18:00 休木

サン・アンドレス・マーケット

新鮮な南国フルーツを売る店が集まる。日本ではなかなか見られないものも。
▶Map P.139-D3
住San Andres, Manila 開24時間 休なし Card不可 交高架鉄道Line1キリノ駅から徒歩5分

マニラ動物園

2022年リニューアルオープンした歴史ある公立動物園。週末は子供連れの市民でにぎわう。
▶Map P.134-B1
住M. Adriatico St., Malate, Manila 開9:00～18:00 休なし 料大人P300 交高架鉄道Line1キリノ駅から徒歩15分

空港からベイ・エリアにかけて広がるエリア
パサイ市 Pasay

空港からマニラ湾沿岸の埋立地にかけて広がる。埋立地はSMモール・オブ・アジアを中心とする新興開発エリアと、ワールド・トレード・センターやフィリピン文化センター周辺の文化施設が集まるエリアに分かれ、いずれも見どころが多い。

1 フィリピン有数の巨大ショッピングセンター、SMモール・オブ・アジア 2 ニノイ・アキノ国際空港に駐機するフィリピン航空機

おすすめ夕日スポット \Check!/

① ハーバー・ビュー・レストラン
Harbour View Restaurant ▶Map P.138-A3
桟橋のように突き出たオープンエアのレストランで、新鮮なシーフードを使ったフィリピン料理で評判。ふたりでP2000～2500程度。
住South Gate A, Rizal Park, Katigbak Park, Ermita 電(02)8710-0060 開11:00～22:00 休なし CardADJMV

② Cラウンジ（コンラッド・マニラ）
C Lounge (Conrad Manila) ▶Map P.134-A2
SMモール・オブ・アジアの隣、マニラ湾に向かって立つコンラッド・マニラは格好のサンセットポイント。MOAコンプレックス内にある。
住Seaside Blvd., Mall of Asia Complex, Pasay 電(02)8833-9999 開11:00～24:00 休なし CardADJMV

③ ベイウオーク *Baywalk* ▶Map P.139-C2～3
エルミタ&マラテ地区の海岸線には、ヤシの木を街路樹にした遊歩道が設けられ、夕暮れ時には地元の人がのんびり散歩している。

マニラには戦跡も多く残されており、それらを巡るツアーも催行されている

激動の歴史を肌で感じる旅に出よう

マニラ ヒストリカル ツアー
Manila Historical Tour

マゼランのセブ島上陸以来、
激動の歴史が繰り広げられてきたフィリピン
マニラに残る史跡を歩いて、その歴史を肌で感じてみよう

イントラムロス Intramuros　Map P.80

堅固な城壁に守られ、庶民のありのままの生活が垣間見られる城塞都市。この町こそ大都市メトロ・マニラの歩みが始まった場所だ。スペイン統治時代には12の教会、大学、病院などが建設されたが、第2次世界大戦時、日本軍とアメリカ軍との戦闘でそのほとんどが破壊されてしまう。美しいスペイン情緒漂う町並みは今も残されており、教会や要塞跡など歴史的に重要な見どころが多く存在する。

カーサ・マニラ博物館
Casa Manila Museum
▶ P.81

1981年にイメルダ・マルコス大統領夫人によって建てられたスペイン統治時代の特権階級の暮らしぶりを再現した博物館。当時を思わせるアンティークの調度品や家具、スペイン式の堅牢な石造りと熱帯でも過ごしやすい大きな窓の木造部分が組み合わさったコロニアル建築は必見。

噴水のある中庭

リサール公園 Rizal Park ▶ P.80

公園の南西にフィリピンの国民的英雄であるホセ・リサールを記念したリサール・モニュメントがある。ここは彼がスペインに処刑された場所。地下には彼の遺体が葬られている。 一方北東には、マゼランと戦ったもう一人の英雄ラプラプの堂々たる巨像が立つ。

フィリピンのナショナルヒーロー

医者、小説家、画家、革命家など、数々の肩書をもつ天才ホセ・リサール。文筆による社会変革、そして脱植民地を目指した平和主義者だったが、わずか35歳でスペインにより銃殺。処刑後は国民的英雄として高く評価されている。また、多くの浮名を流したプレイボーイでもあり、日本人では「おせいさん」こと臼井勢以子との仲が知られている。

マニラ市街戦記念碑 Memorare Manila 1945

Map P.138-B1
マニラ大聖堂の隣の公園には、第2次世界大戦でのマニラ市民の犠牲者を追悼するモニュメントが、ひっそりとたたずんでいる。

ザ・マニラ・ホテル The Manila Hotel ▶ P.88

1912年に創業し、マニラの近代史をじっと見つめてきた老舗ホテル。1930年代には、ケソン大統領により軍事顧問として迎えられたダグラス・マッカーサーが、家族とともに6年間滞在したという歴史をもつ。ちなみにその部屋は、現在もマッカーサースイートとして残されている。フィリピン上流階級の社交場としても機能し、1980年代にはイメルダ大統領夫人も頻繁に訪れたという。

アジア最大のキリスト教国ならでは

イントラムロス、ビノンド 教会探訪
Churches in Manila

カトリック信者の多いフィリピンでは日曜日になると多くの人が教会を訪れる

旧宗主国スペインの影響で国民の約9割がキリスト教徒のフィリピン。特にマニラ地区のイントラムロスやチャイナタウン（ビノンド）ではスペイン、フィリピン、中国系の人々によって受け継がれてきた古い教会がたくさんある。

聖像にささげられた、フィリピンの国花、サンパギータの花輪

B アジア最大級のパイプオルガン
マニラ大聖堂 Manila Cathedral

フィリピンで最も重要な教会とされ、ロマネスク様式のドームとベルタワーが目を引く。第2次世界大戦で破壊されたが1958年に再建された。夜に明かりがつくと外からの眺めが幻想的なステンドグラスは、フィリピン人作家の作品。

イントラムロス ▷Map P.138-B1

住 Cabildo Cor. Beaterio, Intramuros
TEL (02)8527-3093 開 7:00～18:00(日 ～19:00)
URL manilacathedral.com.ph

夜のマニラ大聖堂

東洋と西洋の融合を感じる
A ビノンド教会
Binondo Church

教会内は漢字で書かれた扁額や東洋的なデザインのステンドグラスが印象的。江戸時代初期、スペイン人宣教師らとともに日本で殉教した中国系フィリピン人、聖ロレンソが働いていた教会としても知られる。

ビノンド Map P.137-D2

住 Plaza de San Lorenzo Ruiz, Binondo TEL (02) 8242-4850 開 9:00～17:30 URL rcam.
org/minorbasilicaofsanlorenzoruiz

ビノンドの町角の十字架。道教の廟のような香炉が置かれている

世界遺産に登録された
フィリピン最古の石造教会
C サン・オウガスチン教会
San Agustin Church

1606年建造のフィリピン石造建築の中で最も古い教会のひとつ。第2次世界大戦や7回にわたる地震にも耐え、当時の姿をとどめている。堂内はバロック様式のインテリアで、パリから取り寄せたシャンデリア、イタリア人芸術家による壁画や祭壇が見られる。

イントラムロス ▷Map P.138-B2

住 Gen. Luna St., Cor. Real St., Intramuros TEL (02)
8527-2746 開 8:00～17:00

歴史を食べる!
フィリピンの歴史と文化を体験しよう
Historical and Cultural Restaurants

イントラムロスとチャイナタウンには土地の歴史に触れられるレストランがある。
おなかだけではなく心も満たされる、そんな旅のひとときを。

フィリピンご当地麺マミ発祥の地

マスキ Masuki

1918年、広州出身の中国人移民、馬文禄はチキンヌードルの行商を始めた。卵を使った温かい麺は地元の人たちに好評で、1930年代にのちにマスキとなるレストランをオープン。現在ではインスタント商品もあるほどフィリピンで人気のマミは、彼の姓の"馬（マ）"と麺の中国語読み（ミェン）に由来している。ラッキー・チャイナタウン（→P.82）にも出店。

ビノンド

▶Map P.137-D2

住931 Benavidez St.,Binondo, Manila
電(02)8244-0745
開7:00〜22:00 休なし Card不可

あっさりしたスープはテーブルにある調味料で味変してもおいしい

スペインの影響を強く感じさせる衣装や音楽

伝統ダンスショーとアンティークを楽しもう

バルバラス Barbara's

スペインの影響を受けたパンダンゴやミンダナオ島のイスラム教徒マラナオ族に伝わるシンキルなどを鑑賞しながらスペイン料理や洗練されたフィリピン料理を楽しめるディナービュッフェ（₱1500）が人気。

イントラムロス

▶Map P.138-B2

住Plaza San Luis, Gen. Luna St, Intramuros 電(02)8527-4083 開9:00〜21:00 休なし
Card AJMV URL www.barbaras.ph

A 安心して受けられる人気スパ
ザ・スパ ウエルネス
The Spa Wellness（→P.41）

高級感がありつつも、比較的リーズナブルで評判の町スパ。マッサージ1時間₱1122～。

🏠B8 9th Ave., Bonifacio High Street 📞(02) 856-5858 🕐12:00～22:00（金～日～23:00）休なし Card AJMV
URL www.thespa.com.ph

レセプションは2階にある

B Charles & Keithの姉妹ブランド
ペドロ
Pedro

日本未上陸のシンガポール発のバッグ＆シューズブランド。高品質だがそれほど高くもなく、セール時はかなりお得。

🏠B8 Bonifacio High Street 📞(02) 8556-5330 🕐11:00～22:00（金～土～23:00）休なし Card AMV
URL www.pedroshoes.com

1 高級感のある店構え 2 シューズとバッグがメイン商品

ボニファシオ・ハイストリート

最先端の店が集まる
ボニファシオ・ハイストリート
Bonifacio High Street

BGCの中心に約600mにわたって続くショッピング街。世界各国のブランドショップに、おしゃれなレストラン、スパなど、何でも揃う一大商業エリア。

C BGCヘルシースポット
ジャンバ・ジュース
Jamba Juice

アメリカ発の人気スムージー店。フレッシュな野菜や果物を使ったスムージーが飲める。

🏠7th Ave., Cor. 29th St., South East Bldg., BGC, Taguig 📞(02) 8887-9000 🕐7:00～23:00（金・土～翌1:00）休なし Card MV
URL jambajuice.ph

D 洗練されたパッケージが◎
パッチ
Patchi

レバノン発の高級チョコレート店。中東ではとても有名で、ドバイ王室の御用達でもある。

🏠B5 Bonifacio High Street 📞(02) 8536-0205 🕐11:00～22:00（金・土～23:00）休なし Card AJMV URL patchi.com

芝生があるので散歩するだけでも気持ちがいい

注文を受けてミキサーにかけるのでフレッシュ!

レバノンならではの洗練されたパッケージ

進化が止まらないマニラのハイエンドスポット
ボニファシオ・グローバル・シティ
近未来都市BGCへ
Bonifacio Global City — Ultramodern City

近代的なビルが建ち並ぶ新興開発地区でマニラの新たな一面を探してみよう！

TO DO ✓ LIST
07
Bonifacio Global City

おなかがすいたらとりあえずここ

セレンドラ *Serendra*

フィリピン、日本、イタリア、イランなど、世界各国の料理が味わえるおしゃれな店が大集合！バーも充実し、安心してナイトライフを過ごすことができる。

1 周りには高級コンドミニアムが立つ 2 フィリピン料理の名店、アベ（→P.52）のフライドティラピア 3 ジェラティッシモのアイスクリーム 4 西洋料理のクオリティも高い

マーケット！
マーケット！

セレンドラ

フィエスタ・
マーケット

アーティ&モダンなブックショップ

 フリー・ブックト
Fully Booked

本に限らず、Tシャツや文具なども扱うモダンな書店。カフェも入っている。

🏠B6 Bonifacio High Street ☎(02)
8858-7052 🕐11:00～22:00（金 ～23:00、土
10:00～23:00、日 10:00～） 休なし Card AMV
URLwww.fullybookedonline.com

11th Ave.

楽しい見どころがいっぱい！

マーケット！マーケット！
Market! Market!

ショッピングセンターに、生鮮食品のマーケット、物産展など見どころ満載。ジプニーやバス、タクシーのターミナルもあるので、BGCの拠点ともなっている。

巨大なアート作品が店内を彩る

※BGC そのほかの見どころ→P.84

1 ミンダナオ島産のプレシャスストーンを売る小店 2 小さなショップからローカルブランドまで幅広いラインアップを誇る 3 フィリピン各地の特産品が揃うフィエスタ・マーケット（→P.21）4 南国フルーツをその場で楽しめるマーケット 5 敷地内の露店は夜も開いている

TO DO LIST ☑

08
Poblacion

マニラでいちばんホットな町

ポブラシオンを徘徊する
Walk around Poblacion

個性的なバーやレストランが多い、マカティの北東にある歓楽街ポブラシオン。格安なニュースタイルのホステルもあって、バックパッカーたちの拠点ともなっている。

高層ビルが林立する町並みに個性派バーが潜んでいる

ドアを開けたらそこはリトルアメリカ

フィリング・ステーション・バー＆カフェ
Filling Station Bar & Café

ブルゴス通りの真ん中で、派手なネオンが目を引く。内部はアメリカンポップなデザイン。メニューもハンバーガーやステーキなど、まさにアメリカン。24時間営業。

1 フレンドリーなフィリング・ステーションの店員たち　2 アメリカのドライブインを思わせるデザイン

📍 Map P.137-C1

🏠5012 P. Burgos St., Makati ☎0917-833-7837 🕐24時間 休なし Card ADJMV

アツいライブとカクテルに酔いしれる

カフェ・クバナ
Café Cubana

フィリング・ステーションの隣にあるキューバをテーマとしたバー。ウエーターの制服はチェ・ゲバラをイメージしたもの。ハバナの町よろしくライブ音楽とさまざまなカクテル、そしてキューバ料理を楽しめる。キューバとフィリピンのラテン気質がシンクロする不思議な世界だ。

1 アーティストのパフォーマンスに客が熱狂して踊りだすこともしばしば　2 味のあるキューバ関係の掲示物

📍 Map P.137-C1

🏠5010 P. Burgos St., Makati ☎(02) 8899-5555 🕐10:00～翌4:00 休なし Card AMV

落ち着いたカフェでひと息
カフェ・フレール
Cafe Fleur

明るい雰囲気のカフェ・レストラン。フィリピン料理やフレンチを基調にした多国籍料理を楽しめる。おしゃれな内装や美しく盛りつけられた料理はインスタ映えすると若者に人気。大きなチーズを削って仕上げる本格カルボナーラはこの店ならでは。

▷**Map** P.135-C1

🏠6249 Cayco., Makati 📞0917-192-8343 🕐10:00～22:00(木～土 ～23:00) 休なし Card MV

1 籐のチェアと自然光を取り入れたインテリアがすてき 2 サーモンステーキ₱950

とっておきのタイ料理を楽しむ
クライング・タイガー・ストリート・キッチン
Crying Tiger Street Kitchen

ブルゴス通りから1本入った通りにある。タイの大衆料理がリーズナブルに食べられる。タイビールのほか、カクテルやウイスキーなどアルコールも置いている。レモングラスとタイバジルのモヒート(₱160)がおすすめ。

▷**Map** P.137-C1

🏠4986 Guanzon St., Makati 📞(02)8894-1769 🕐11:00～21:00(金～日 ～翌1:00) 休なし

トラが目印の入口

ワンタン入りのスペシャルマミ₱100

眠らぬ町のオアシス
ザ・オリジナル・パレス
The Original Pares

ブルゴス通りで働く人たちに愛されているマミ(麺)食堂。眠らぬ町ポブラシオンで働く彼らも、ここではリラックスしたプライベートの顔を見せる。野菜の具たっぷりのマミはチリソースとの相性抜群。ポブラシオンで飲んで楽しんで疲れたら、シメはここで決まり!

▷**Map** P.137-C1

🏠Mercedes St. Cor. Ebro, Makati 📞0916-329-4427 🕐9:00～翌3:00(金・土 ～翌5:00 日8:00～翌2:00) 休なし Card不可

ポブラシオンを徘徊する

コンパクトだが入居テナントが充実
パワー・プラント・モール
Power Plant Mall

ロックウェルセンターという新興ビジネスエリアにある。建物のデザインは高級感漂う雰囲気でテナントも充実しており、カフェでの小休止や、みやげもの探しに最適。マカティ在住の日本人駐在員家族や富裕層もよく利用している。

▷**Map** P.135-C1

🏠Rockwell Center, Makati 📞(02)8898-1702 🕐11:00～21:00(金11:00～22:00、土10:00～22:00、日10:00～21:00) 休なし

ロックウェルの夜景を見ながらワインはいかが?
ドクターワイン・ルーフトップ
Dr.Wine Rooftop

ロックウェルの入口近くにある人気のワインレストラン、ドクターワインの屋上にあるルーフトップバー。ソムリエ厳選のワインとフランス料理を楽しめる。夜風に涼みながら飲む上質なワインは格別だ。グラスワイン₱250～、ボトル₱950～。

▷**Map** P.135-C1

🏠5921 Algier, Makati 📞0917-563-8811 🕐17:00～翌1:00(金～日 ～翌2:00) 休なし

ロマンティックナイト!

1 1階にあるレストラン、ドクターワイン 2 高層ビル群を見上げる眺めもいい

音楽好きな国ゆえライブバンド演奏のあるルーフトップバーも多い

TODO ✓
LIST

09
Rooftop Bar

高層ビルの屋上に
次々にオープンする絶景バーで
アジアの注目株フィリピンの成長を
目の当たりにしよう

Romantic Night at Panoramic Roof Top Bars

メガロポリスの夜景に息をのむ

絶景ルーフトップバーで
ロマンティックな夜を

乾杯！

\ 絶景ポイント /
夜はエルミタやマカ
ティのビル群、夕暮
れ時にはイントラム
ロスやゴルフ場、マ
ニラ湾が見渡せる。

マニラ地区

10F スカイデッキ・ビュー・バー
Sky Deck View Bar

ザ・ベイリーフ（→P.88）の屋上にあるバー。　▶Map P.138-B2
フィリピン、グリル料理のメニューが揃い、味
もなかなか評判。数々の賞を獲得する人気
店だ。都会の喧騒を忘れてくつろぎたいとき
におすすめ。17:00～21:00はハッピーアワー。

トワイライト
の時間帯が最
も美しい
マニラ湾、エル
ミタ方面のビ
ル群やゴルフ
場が見える
洋食もおい
しい　マニ
ラ産のオリジ
ナルシガーを
販売

メニュー例

サンミゲルビール	₱155
ハウスワイン（ボトル）	₱1500
トクワット・バグネット	₱450
シーザーサラダ	₱430
ポーク・シシグ	₱420
クラシック・ビーフ・カレカレ	₱590

\\ 絶景ポイント /
テラス席からはマカティのビル群が織りなすスカイラインが楽しめる。ビルの明かりがアール・デコ調の内装とマッチして美しい。

1

21F ザ・ペントハウス・8747

マカティ

▶ Map P.136-B2

アヤラ・センターやグリーンベルトのほど近くにあるルーフトップバー。内装は小説『華麗なるギャツビー』の時代として知られる1910～1930年代に流行したアール・デコ様式を基調としていて豪華。マニラの喧騒から離れた落ち着いた雰囲気とマカティの夜景を目当てに、海外観光客やビジネスマンが多く訪れる。

メニュー例	
カクテル	₱350
サンミゲルビール	₱110
ピザ	₱470
クリスピー・ポーク・シシグ	₱450
和牛炙りずし	₱1300

テラス席の天井はガラス張りになっていて、マカティのダイナミックな夜景を楽しめる

料理はナチョス、ハンバーガー、パスタなど洋食が中心。フィリピン料理もある カクテルメニューも豊富

2

3

15F ストレート・アップ

BGC

▶ Map P.137-D1

開発の進むタギッグ市の夜景を楽しむなら、BGCきっての人気ホテル、セダ・ホテル(→P.89)のルーフトップへ。都会的でシックな雰囲気のなかで乾杯したい。サンミゲルビール₱210。

\\ 絶景ポイント /
BGC、マカティ方面のビル群を見るなら室内席へ。テラス席からはタギッグ市の景色が広がる。

都会的なテイストのテラス席

45F ビューズ

オルティガス・センター

▶ Map P.133-D3

マルコポーロ・オルティガスの最上階にあるのがスカイバー、ビューズ。おしゃれで斬新なインテリアがビジネスマンに人気。静かに楽しめるスペースとライブミュージックを行っているスペースが分かれているのがありがたい。

\\ 絶景ポイント /
45階の超高層ビルなので景色は圧巻。夕暮れ時はマニラ湾に沈む壮大な夕日に感動する。

シックなセミオープンのテーブル席

癒やされ
たい！

ホテルでは格安で出張マッサージを呼ぶことができる

幅広いバリエーションが自慢！
極楽スパ＆マッサージ で癒やされる
Relax at Various Spa & Massage

フィリピンのリラクセーションは高級ホテル内のスパや
町なかのマッサージなどバラエティ豊か
きっと日頃の疲れを癒やしてくれるはず

リゾートスパ
Resort Spa

高級シティリゾートのスパで心も体もリフレッシュ！
日本では考えられないほどの料金で一流のトリートメントが受けられる。

一度は訪れたい憧れの高級スパ
CHIスパ
CHI Spa

エドサ シャングリ・ラ マニラ内の一
角にあるスパ施設。伝統療法のヒ
ロットや南国ならではの天然素材を
生かしたトリートメントがおすすめの
メニュー。ほかに温めたカップで悪
い箇所を吸引し血流をよくしていく
「ベントーサ」なども人気。

メニュー例
フィリピン・ヒロット
₱6000／2時間
全身パック＋ヒロット
₱8500／2時間
ロイヤル・ハマム
₱6500／2時間

▶Map P.135-D1
オルティガス・センター　住1Garden
Way, Ortigas Center, Mandaluyong
☎(02)8633-8888 営11:00～23:00
休なし CardADJMV 交高架鉄道
Line3オルティガス駅から徒歩10分
URLwww.shangri-la.com

1 力強くもみほぐしていくフィ
リピンのヒロット 2 落ち着
いた空間が広がるロビー

指折りの人気を誇る
テワラン・ウエルネス
Devarana Wellness

デュシタニ・マニラ（→P.88）内のス
パ施設。落ち着いた空間が広がる
個室が6つあり、タイ伝統のマッサー
ジをはじめ各種トリートメントが受けら
れる。高級ホテル内のスパのなかで
も人気が高い。

メニュー例
タイ古式マッサージ
₱4200／1時間30分
テワラン・シグネチャー
₱5200／1時間30分
ボレヒロット
₱5000／1時間30分

▶Map P.136-B3
マカティ　住A. Amaiz Ave. Cor. EDSA,
Makati　☎(02)7238-8856 営9:00～
22:00 休なし CardADJMV 交高架鉄
道Line3アヤラ駅から徒歩10分
URLwww.devaranaspa.com

1 落ち着いた雰囲気のトリートメントルーム 2 笑顔のスタッフが気
持ちよく迎えてくれる

ヒロットを試してみよう！
Let's Try Traditional Hilot !

施術前にバナナの葉で体のバランスをチェックするなど、バナナの葉を多用する

サンパギータ

ヒロットとは？

フィリピンで古くから伝統医療として伝承されてきたマッサージ。「体が冷えた状態になるとバランスが崩れ、体調を崩す」といった考えのもと、「温かい」状態に戻すことで心身をケアするというもの。

どんなマッサージ？

フィリピンの国花であるサンパギータ（ジャスミン）とココナッツオイルを使い、指全体で圧力を加えながら筋肉やリンパが滞った場所を探し出し、徹底的にもみほぐしていく。

どんな効果があるの？

血流を整え、筋肉の緊張や凝りを緩和。体の冷えによる腰や背中の痛みを取り除いたり、リラックス効果を高めたりするといわれている。

町なかスパ
Town Spa

ほかのアジア諸国と同じく、フィリピンも格安の町なかスパが充実。1時間2000円程度で十分満足できるマッサージが受けられる。

人気の高級町スパ
ザ・スパ・ウエルネス
The Spa Welness

BGCのハイストリートにある高級スパ。個室またはヴィラでゆったりとした時間が過ごせ、ジャクージなどの施設も充実している。

内装はモダンなデザイン

メニュー例
ヒロット
₱1540／1時間15分
アロマテラピー
₱1320／1時間
スウィディッシュ
₱1122／1時間

Map P.137-D1
BGC 住B8, 9th Ave., Bonifacio High Street, BGC, Taguig 電(02) 8856-5858 開12:00〜22:00（金〜日 〜23:00）休なし CardAJMV 交マーケット!マーケット!から徒歩10分 URLwww.thespa.com.ph

---

本格ヒロットならここ
ヒロット・ヒーリング・ハンズ
Hilot Healing Hands

SMジャズモールやユーチェンコ博物館などがあるマカティの閑静な一角にある。オーナー家伝の伝統ヒロットは本格的で、一人ひとりの不調に合わせた施術を受けられる。

アットホームな雰囲気の受付

メニュー例
ヒロット
₱550／1時間
ヒロット・ウィズ・ベントーサ（吸い玉）
₱850／1時間
ヒロット・ウィズ・ホットストーン
₱850／1時間

Map P.136-A1
マカティ 住2750 South Ave., Makati 電0927-530-1589 開14:00〜翌1:00（金〜日10:00〜）休なし Card不可 交高架鉄道Line3アヤラ駅からタクシーで15分

格安でタイの伝統マッサージを
バーン・クン・タイ
Baan Khun Thai

町スパのなかでも最も安い店のひとつだが、きれいで施術もなかなか。フィリピンで広くチェーン展開している。ショッピングの休憩にもおすすめ。

スタッフもにこやか。サービスがよかったらチップを

メニュー例
タイボディマッサージ
₱600／1時間
ホットストーンマッサージ
₱1000／1時間30分
アロマテラピー
₱1100／1時間30分

Map P.136-B3
マカティ 住926 A. Arnaiz Ave. Unit 204 San Lorenzo, Makati 電(02) 8815-7416 開12:00〜22:00 休なし Card不可 交高架鉄道Line3アヤラ駅から徒歩10分

1日ゆっくり過ごしたい
ウェンシャ・スパ
Wensha Spa

スパというより健康ランドといったほうがしっくりくる庶民派スパ。ジャクージやサウナでゆっくりしたら食事をとり、最後に1時間のマッサージを受ける。

特徴的な屋根が印象的

メニュー例
ボディマッサージ
₱1280／1時間
フットマッサージ
₱1080／1時間
※6時間滞在可能。ジャクージ、サウナ、スチームバス利用可。ビュッフェ付き。

Map P.134-B2
パサイ 住Magdalena Jalandoni St., Pasay 電0968-545-6182 開12:00〜翌2:00（ビュッフェ〜22:00）休なし CardADJMV 交高架鉄道1ビト・クルス駅からタクシーで5分

1 映像作品や抽象画といった現代美術の作品が多い　2 大型作品や立体作品も展示できる広々とした展示スペース

黄色いオブジェが目印！

BGC

BGCに移転したアートスポット

メトロポリタン美術館（The M）

Metropolitan Museum

2023年2月にボニファシオ・グローバル・シティ（BGC）の中心にニューヨークを拠点に活躍するフィリピン系コロンビア人の建築家、カルロス・アルナイスの設計した光あふれる美術館として移転した。2024年3月現在プレオープン中。今後、どんな企画が登場するか楽しみ！

▶ Map P.137-D1

住MK Tan Centre, 30th St., BGC 電(02)8361-1488 Mailinfo@metmuseummanila.org 開11:00～17:00（土10:00～）休日・月・祝 Card不可 料プレオープン期間中無料 交高架鉄道Line3アヤラ駅からタクシーで30分 URLmetmuseum.ph

ケソン・シティ

フィリピンアート界の中心

アテネオ・アート・ギャラリー

Ateneo Art Gallery

1859年設立の大学構内にあるこの美術館は、フィリピンを代表する近代・現代美術の美術館。歴史があるだけに新旧の作家の豊富なコレクションを誇り、1～2階の常設スペースでは、テーマや作家ごとの企画展を行っている。3階のギャラリーでは現代美術の作品展が行われていて、フィリピンアートの「今」に関心のある人は必見だ。

▶ Map P.133-D2

住Katipunan Ave., Loyola Heights, Quezon City 電(02)8426-6001/6488 開9:00～17:00 休日・祝 Card不可 料大人₱50 子供無料 ※美術館訪問のためのキャンパスへの入場には、下記HPよりオンラインでの登録が必要 交高架鉄道Line2カティプナン駅からタクシーで15分 URLateneoartgallery.com

1 企画展で収蔵作品を展示　2 アテネオ大学内にある劇場やパフォーマンススタジオが入った複合施設に入っている

TODO✓ LIST

11

Contemporary Art

マニラはコンテンポラリーアートが熱い！

アートな1日を満喫する

Art in Manila

フィリピンではコロナ禍を乗り越えてアートスポットも再オープン。歴史的な名作から国内外で活躍するコンテンポラリー・アートの作家の作品までさまざまな作品を鑑賞できる。

国立人類学博物館（▶ Map P.138-B3）にも巨大な現代アート作品が

フィリピンではアート市場も広がりを見せていて、ショッピングモールにもギャラリーが入っている

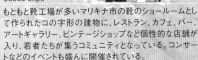

ケソン・シティ
サブカルチャースポット
クバオ・エキスポ
Cubao Expo

もともと靴工場が多いマリキナ市の靴のショールームとして作られたコの字形の建物に、レストラン、カフェ、バー、アートギャラリー、ビンテージショップなど個性的な店舗が入り、若者たちが集うコミュニティとなっている。コンサートなどのイベントも盛んに開催されている。

Map P.133-D2

住 General Romulo Ave.. Quezon City 開6:00〜24:00 休なし
交 高架鉄道Line 2アラネタセンター・クバオ駅から徒歩10分

1 無国籍なムードがおもしろい
2 週末の夜はにぎやか

ケソン・シティ
新たな才能に出合えるかも
グラビティ・アート・スペース
Gravity Art Space

2021年にオープンしたアートスペース。若手アーティストやキュレーターたちの活動拠点となっていて、マニラでのアートの潮流を感じられる。毎月展示が入れ替わる展示スペースは6つのセクションに分けられており、さまざまなジャンルの展示を同時に見られる。

Map P.133-C2

1 アロマを使ったユニークな展示
2 ブースごとに特色がある
3 木工などの工芸作品も展示

住 1810 Mo. Ignacia Ave., Diliman, Quezon City 電 0905-515-7009
Mail info.gravityartspace@gmail.com 開13:00〜19:00 休月・日 料P50
子供無料 交 高架鉄道Line 3ケソン・アヴェニュー駅からタクシーで20分

マニラ地区
膨大な星の名作
国立美術館
National Museum of Fine Arts

フアン・ルナ、フェリックス・イダルゴなど1800年代後半から1970年代の芸術家の作品を集めたギャラリーがある。クラシックなアーティストの作品に触れることができる。

Map P.138-B2

住 Padre Burgos Ave., Ermita, Manila 電 (02) 8298-1100 開9:00〜18:00 休月・祝 交 高架鉄道Line1 U.N.アベニュー駅から徒歩15分 URL www.nationalmuseum.gov.ph

ベネディクト・カブレラ（通称ベンカブ）の『Two Mestizas（ふたりのメスティーソ）』

マカティ
現代美術界の注目株の作品展示
ドローイング・ルーム
Drawing Room

フィリピンの現代美術界の作品を中心としたギャラリー。勢いづいているフィリピンアート界の最新に触れることができる。

Map P.135-C2

現代美術家のロッキー・カヒガンの展示

住 GF, Building C, Karrivin Plaza, 2316 Chino Roces Ave. Ext., Makati 電 (02) 8801-4398 開11:00〜17:00 休日・月 交 高架鉄道Line3マガリャネス駅からタクシーで10分 URL www.drawingroomgallery.com

世界屈指のカジノリゾート地を目指す
エンターテインメント・シティ
Entertainment City

豪華ホテルに滞在してカジノ三昧
シティ・オブ・ドリームス・マニラ
City of Dreams Manila

2015年にオープンした約6.2ヘクタールもの敷地をもつ統合型リゾート（IR）。マニラでも随一の規模を誇るカジノを3つの高級ホテルが取り囲む。

▶ **Map** P.134-B3

🏠Aseana Ave. Cor., Roxas Blvd., Entertainment City, Parañaque ☎(02) 8800-8080 🚗空港から車で15〜30分。また、市内各地からシャトルバスが出ている（HP参照）**URL** www.cityofdreamsmanila.com

◆施設案内◆
ホテル	ヌワ、ノブ、ハイアット（全937室）
カジノ	スロット1700基、ゲームテーブル380台
ショップ	ハイブランドを集めた「ザ・ブールバード」
エンタメ	ドリームワークス公認アミューズメント「ドリームプレイ」ほか
レストラン	「クリスタル・ドラゴン」「ザ・カフェ」ほか

＼注意事項／
- カジノ内の写真撮影は禁止
- 入場は、男性21歳以上、女性18歳以上

1 ドリームプレイは世界初のドリームワークス公認アミューズメント施設　2 カジノはシステマティックで、初心者でも気軽にプレイできる

おもなゲーム

ルーレット

通称"カジノの女王"と呼ばれる定番ゲーム。ディーラーの投げ入れたボールがどこに入るかを当てる。

バカラ

「バンカー」「プレイヤー」と書かれたボード上にカードが配られ、合計の下1桁が9を超えない範囲で9に近いほうが勝ち。その勝敗を予想する。

スロット

回転する絵柄を揃えるだけ。最も少額で楽しめ、ディーラーもいないので、ひとりでも気軽に楽しめる。

ポンツーン

フィリピンで人気のブラックジャックの変形版ゲーム。カジノによってルールが異なる。

ロビーに入るとゴージャスさに圧倒される

基礎知識

①ドレスコードは？　基本的にカジュアルでOK。ただし、サンダルや短パンなどあまりにラフ過ぎる格好は控えたい。

②パスポートは？　セキュリティチェックがあるのでパスポートは必携。メンバーズカードの作成でも必要となる。

贅を尽くした統合型リゾート
オカダ・マニラ Okada Manila

マニラ初の日本資本IRとして、2017年に華々しくオープン。外観、内装ともきらびやかな装飾が施され、巨大噴水ショーなど注目の施設の数々が揃う。

黄金色の外観がまぶしい

▶ **Map** P.134-B3

🏠New Seaside Dr., Entertainment City, Parañaque ☎(02) 8888-0777 🚗空港から車で15〜20分 **URL** www.okadamanila.com

MANILA
GOURMET

Fast Food, Philippino, Spanish, Merienda, Cafes,
Weekend Market, etc.

知られざるフィリピングルメの世界

これまでスポットライトを浴びることが少なかったフィリピンの食文化。
しかし、マニラには独自のフードカルチャーが息づき、
知られざるウマいものがあふれている。

All About Jollibee

フィリピン人が愛してやまない最強ファストフード

ジョリビーのすべて

"ファストフード天国"フィリピンで
ひときわ異彩を放つジョリビーの魅力に迫る！

魅力その1

フィリピンならでは
のメニュー作り！

フィリピン人の好みに合わせ
たメニュー作りにとことんこ
だわっている。チキンには主
食のご飯を添え、フィリピンな
らではの料理も多数。

ジョリビーって？

フィリピン発の大人気
ファストフード店。フィリ
ピンに1200店舗展開
し、アメリカや中東など
世界にも進出している。

マスコットキャラクターの
「ジョリビー」

ご飯によく合う
ガーリック
ペッパービーフ

Garlic Pepper Beef
● ₱95

フライドチキンに
ライスが
ローカルの定番

絶大なる人気を誇るチキンジョイ
Chickenjoy
● ₱82

試して
みて！

クセになる味で人気のビーフタパ
フィリピンの朝食の定番

Beef Tapa ● ₱158

ポピュラーな麺料理
フィエスタヌードル
（パラボク）

Palabok Fiesta Noodle
● ₱133

メトロ・マニラのおもな店舗

● SMモール・オブ・アジア ▶Map P.134-B2
● グロリエッタ ▶Map P.136-B3
● BGC ▶Map P.137-D1
● エルミタ ▶Map P.139-C1
※どの町にも数軒ずつ店舗がある

Column

ジョリビーも無人化!?

SMモール・オブ・アジアなどの大規模な店舗には、コロナ禍をきっかけに自動オーダーマシンが導入されている。商品をタッチパネルで注文し、クレジットやデビットカードでの支払いはマシンで済ます。現金の場合はカウンターで支払う。モニターに自分のレシートにある番号が出たらカウンターに商品を取りに行けばいい。

自動オーダーマシンのある店は拡大中

オーダーマシンの導入で混雑も緩和するかも

甘いミートソースとのびきったスパゲティがなぜかクセになる

Jolly Spaghetti
● ₱59

> ひき肉とチーズがアクセント

甘いグレービーソースたっぷりのハンバーグ

Burger Steak
● ₱59

> **クセになる独特の甘さ!**
> ジョリビーを食べて誰もが漏らす感想が「甘い!」。スパゲティは甘めのミートソースがかかっており、ハンバーグのグレービーソースも甘い!

魅力その**2**

フレーバーも選べるポテト

Jolly Crispy Fries
● ₱48

> ジョリビーでいちばんこれが好きという人も

魅力その**3**

サイドメニューも充実!
デザートやスナックなど手軽なサイドメニューが充実している。なかでもツナパイは隠れた人気メニュー。

ジョリビー伝説

マクドナルドが勝てない?
世界一のファストフード、マクドナルドも、フィリピン国内シェアの3分の1を占めるジョリビーに勝つことができずにいる。

世界中に出店!
フィリピンだけではなく、アメリカやドバイ、香港、ロンドンなどにも展開。オープンの日は必ず行列ができるという。

日本にも進出!?
2015年日本への進出を検討していることを明らかにしたが、まだ実現していない。

チョコレートのかかったサンデー

Salted Caramel Sandae
● ₱29

知る人ぞ知る人気サイドメニューツナパイ

Tuna Pie
● ₱45

さまざまなコンボミールも人気

Chickenjoy Super Meal
● ₱133

フィリピン人はメリエンダ（間食）としてファストフードを食べることも多い

まだまだある！
充実の
ライン
アップ

おすすめ
ファストフード店
TOP 6

アンリミテッド（お代わり自由）ライスがうれしい！

とびきりカラフルなハロハロも人気

No.1 安くておいしいグリルチキン
マン・イナサル
Mang Inasal　バコロド発

フィリピン全土に570店近くも展開するマンモスチェーン。イナサルはもともとネグロス島バコロド発祥のチキンのロースト料理。つけ合わせのご飯がお代わりし放題なのも人気の秘密。

いつも混んでいるSMモール・オブ・アジア店

おもな店舗
● SMモール・オブ・アジア ▶Map P.134-B2
● マカティ通り ▶Map P.137-C1・C2
● SMメガ・モール ▶Map P.133-D3

チキンにご飯の付いた定番のPM1はドリンク付きで₱142

店でブレンドしているアイスティー（小₱150、大₱250）は紅茶本来の味がしておいしい！

No.2 若干高めだが味はGood！
アーミー・ネイビー
Army Navy　タガイタイ発

その名のとおり軍隊をモチーフにしたファストフード店で、おもにハンバーガーやブリトーなどのメキシコ料理を提供。ほかのファストフード店より値は張るが、味がよく野菜も新鮮。

モダンな店構えが若者に人気

野菜が新鮮でおいしいクランチータコス（₱230）と人気の高いケサディヤ（₱200）

おもな店舗
● マーケット!マーケット! ▶Map P.137-D1
● SMメガ・モール ▶Map P.133-D3
● グロリエッタ ▶Map P.136-B3

No.3 絶品ローストチキン！
アンドックス
Andok's　マニラ発

フィリピン人の大好きな庶民の味。ローストしたチキンが絶品で、一度は試しておきたい逸品。それぞれの店舗にロースターが備えられ、チキンがぐるぐると回っているのを見ることができる。

ほとんどの店舗で食事をするスペースがないので、テイクアウトして楽しみたい

おもな店舗
● マカティ ▶Map P.136-A3
● チノ・ロセス通り ▶Map P.136-A3
● グリーンベルト ▶Map P.136-B3

肉が軟らかくてジューシー！

1 じっくりとローストされるチキン　2 ミルクフィッシュのグリル（₱199）

フィリピンには
ジョリビー以外にも
おいしい店がいっぱい。
編集部おすすめの
ファストフード店を紹介！

Top 6 Recommended Fast food Restaurants

ピザのサイズは、9、12、15、18インチから選べる（P345〜）

パイナップルを使ったハワイアンピザ

No.4 大きなピザに大満足

イエロー・キャブ・ピザ

マニラ発

Yellow Cab Pizza

2001年のマカティ通りの1号店を皮切りに瞬く間に広まったピザチェーン。インダストリアルなお店の雰囲気はアメリカを思わせてスタイリッシュ。チーズもたっぷりで、本格的なピザを味わえる。

4種類を組み合わせたフォーシーズンも人気（12インチ P1020）

手羽フライも美味（P429〜）

チャーリーチャン・パスタはチキンとナッツが入っていて、海鮮醤で味付けした変わりスパゲティ（P310〜）

おもな店舗

●SMモール・オブ・アジア ▶Map P.134-B2
●マカティ通り ▶Map P.137-C1
●マーケット！マーケット！▶Map P.137-D1

主要都市や大きなショッピングモールには必ず出店している

皮がパリパリ！

No.5 1945年創業の老舗

マクセス

マニラ発

Max's

どちらかといえばファミリーレストランといった雰囲気。独自のソースに漬け込んでローストしたチキンが評判だ。戦後すぐにケソン市でオープンした小さな店が、今やフィリピン全土はもちろん、アメリカにまで進出している。

真っ赤な看板が目印

おもな店舗

●グロリエッタ ▶Map P.136-B3
●BGC ▶Map P.137-D1
●SMモール・オブ・アジア ▶Map P.134-B2

パンシットとローストチキンのセット（P479）

デザートのブコパンダン

No.6 日本未上陸 韓国チキンチェーン

ボンチョン・チキン

韓国発

Bonchon Chicken

韓国・釜山発のチキン料理をメインにしたチェーン。アメリカやフィリピンにも進出。薄い衣を2度揚げしたカリカリのチキンに、コクのあるたれを絡めている。ボンチョンとは韓国語で「私の故郷」という意味。

K-POPブームもあり、フィリピンの若者たちに愛されている

おもな店舗

●SMモール・オブ・アジア ▶Map P.134-B3
●ワン・アヤラ ▶Map P.136-B3
●マーケット！マーケット！▶Map P.137-D1

丼物もあってひとり旅にはうれしい

たれ（ヤムニョム）の味はスパイシー、ガーリックなどから選べる。一度食べたらやみつきになること必至

やはりライス付きメニューが人気。チキンとの相性はばっちり（チキン1個＆ライスのセットP130）

ブードルファイトはさまざまな祝いの席でも供される

ポブラシオンの町食堂で
本格ブードルファイト

トライブ・ブードル
ファイト・フィエスタ
Tribu Boodle Fight Fiesta

`マカティ` ▶Map P.137-C1

住5077 P. Burgos, Makati 電0999-656-5075 営24時間 休なし Card不可

窓際のキッチンから漂う料理の匂いがたまらない

マカティ通りから1本入った裏通りにあるカレンデリア（大衆食堂）。バナナの葉の上に豪快に盛りつけたブードルファイトは圧巻。24時間営業でフィリピン料理のアラカルトも揃う。ブードルファイトは事前に電話やSNSで連絡しておくと確実だ。

ブードルファイトブームの火付け役

ブラックビアード・
シーフード・アイランド
Blackbeard's Seafood Island

SMモール・オブ・アジアのベイサイドにある。シーフードが充実していて、3〜4人、5〜6人前などと人数別に10種類以上のセットメニューが揃う。

`ベイエリア` ▶Map P.134-B2

住San Miguel by the Bay, SM Mall of Asia, Seaside Blvd., Pasay 電0916-315-3524 営11:00〜24:00 休なし Card MV

大地の恵みを豪快にいただく
フィリピンならではのグルメ体験
IMPRESSIVE PHILIPPINO FOOD EXPERIENCE

特大のロブスターを掲げる露店の売り子（シーフード・パルート・レストラン）

フレッシュな
シーフードを
召し上がれ！

マニラには、市場で鮮魚を購入し、そばにあるレストランで調理してもらう食事スポットがあり、通称ダンパと呼ばれている。マカバガル通りにあるシーフード・パルート・レストランは観光客も訪れる人気のダンパのひとつ。

〜格安で新鮮なシーフード三昧〜
ダンパ
DAMPA

充実の
ラインアップ！

ミルクフィッシュ（バグス）のグリル
パンシット・ギサド（焼きそば）
シシグ
ライス・ビナロット（ちまき）
シーフード・ディネンデン
串焼き
スイカ
パイナップル
グリーンマンゴー・サラダ

ブラックビアード
の「エルユ・ロード
トリップ（3〜4人
前）」₱1450

ブードルファイト
の心得

1、腹ペコで臨む
2、手を使って豪快に食べる
3、大人数で分け合いながら
　和気あいあいと

ブードルファイトは、フィリピンの軍隊伝統の食事法。
バナナリーフにご飯、焼き魚、グリルチキン、エビ、豚肉などを豪快に盛りつけ、
いっせいにカマヤンスタイル（手づかみ）で食べ始める。
仲間意識を確認するため、そして素早く食事をするために生まれた方法だ。
ニューヨークなど海外でも人気を博している。

～軍隊伝統の食事法～ ブードルファイト
BOODLE FIGHT

フィリピンならではの
食事ができる人気スポットで
思い出深いグルメ体験を

1 食材選び

まずは食材を買う店を選ぶ。
しっかりと鮮度を見極めよう。

2 値段交渉

市場の売り子はみんな親切
だが、値段交渉は忘れずに！

こちらもおすすめ ＼Check!!／
ファーマーズ・マーケット Farmer's Market

魚介類に限らず、フルーツ（→P.21）、野菜な
どあらゆる生鮮食品が売られている。一画
に食事のできる大きなスペースがあり、同様
のシステムでシーフード料理を楽しめる。

ケソン ▶Map P.133-D2

住Araneta Center, General Araneta, Cubao, Quezon
営4:30～22:00（日 ～20:00）休なし ┃Card┃不可 交高
架鉄道Line1アラネタ・センター・クバオ駅、Line3クバ
オ駅から徒歩5分

周囲をぐるりとレストランが取り囲む

シーフード・パルート・レストラン
Seafood Paluto Restaurants

パサイ ▶Map P.134-B2

住Lot5, Diosdado, Macapagal Blvd., Pasay 営早朝～
深夜 休なし ┃Card┃店舗による 交高架鉄道Line1リベル
タッド駅から徒歩15分

費用例

● 食材の料金目安
カキ1kg ₱300～／海ブドウ1kg ₱300～／
エビ1kg ₱600～／ムール貝1kg₱200～

● 調理代
1品につき₱280～500程度

3 レストランに持ち込む

レストランに持ち込んでさっそく調理してもらおう。
ここでは調理代だけを支払えばOK。

おいしそう！

隠れたグルメ都市を体感！

知られざるフィリピン料理の数々と モダンフィリピノの名店

UNKNOWN PHILIPPINO CUISINE AND MODERN RESTAURANTS

フィリピン各地からおいしいものが集まるマニラ
モダンにアレンジされたおいしいフィリピン料理を味わおう

円形の店構えも現代的

人気レストランを展開する
LJCグループ
アベ ABE

現地在住のフィリピン人、日本
人、誰もが口を揃えてすすめる
フィリピン料理店。パンパンガ州
の伝統料理にアレンジを加えたメ
ニューを楽しめる。

`BGC` ▶Map P.137-D1

GF Serendra, Retailer Area, BGC,
Taguig ☎(02) 8856-0526 圏11:00～
21:30 休なし ADJMV
MOA店→▶Map P.135-A2

バンブーライス
Bamboo Rice (₱425)
炒めた米を竹筒に入れ
て蒸した料理。豪快な
音を立ててサーブされる

パコサラダ
Paco Salad (₱265)
ワラビに似たフィリピンの
山菜を使ったサラダ

クリスピー・パタ
Crispy Pata (₱875)
豚の足をたれに漬け込
んでたっぷりの油で揚
げるように焼いたもの

カレカレ
Kare Kare
(₱780)
オックステールや野菜をピーナッ
ツソースで煮込んだもの

パンシット・ルクバン
Pancit Lucban (₱285)

ロンガニサ・
ルクバン
Longsilong Lucban
(₱199)
甘くない味つけと
ヤシ繊維で結束
するのがルクバ
ン流ロンガニサ
（ソーセージ）

パンシット（麺）に酢をか
けバナナの葉から直接
食べるルクバン名物

1 トレードマークのひまわりは
オーナーの妻が好きな花
2 カラフルでかわいらしい店内

キャッサバケーキ
（ブディン）
Casava Cake (Budin) (₱99)
卵入りのキャッサバ
ケーキは優しい甘さ

お祭りにインスパイアされた人気店
バディーズ
BUDDY'S

パヒヤス祭で有名なケソン州ルク
バンの小さなレストランとしてオー
プンし、カラバルソン地方とマニラ
に展開している。ルクバン名物の
麺、パンシット・ルクバンが大人気。

`マカティ` ▶Map P.136-B3

GF, The Link, 19 Makati Ave., Makati
☎(02) 8828-4444 圏9:00～21:00（金～日
～22:00) 休なし MV URL www.buddys.
com.ph クバオ店→▶Map P.133-D2

知られざるフィリピン料理の数々とモダンフィリピノの名店

天井の高い広々とした店内

名家に伝わる味を堪能できる

ロムロ・カフェ
ROMULO CAFE

白と黒で統一されたシックな店内は、まさにモダンフィリピノ。メニューはどれもボリュームがあり、見た目はシンプルながらも味は繊細で美味。BGCや、ロンドンにも支店がある。

マカティ ▶Map P.136-B1

住148 Jupiter St., Bel-Air Village, Makati 電(02)8478-8406 開11:00～15:00、18:00～22:00 休なし Card AMV URL www.romulocafe.com 他 ▶Map P.137-D1

フライドティラピア
Fried Tilapia (P558)
最もポピュラーな魚のひとつ。豪快に姿揚げにすることが多い

ギナタアン・カラバサ
Ginataang Kalabasa (P348)
かぼちゃとインゲンのココナッツミルク炒め

ギシンギシン
Gising Gising (P328)
刻んだインゲンを唐辛子やココナッツミルクで炒めた料理

家庭料理の伝統を受け継ぐ

バリオ・フィエスタ
BARRIO FIESTA

1958年にシクスタ・オンバウコがエドゥサ通り沿いにオープンしたフィリピン料理レストランの草分け。王道のフィリピン料理を手頃な価格で楽しめて、海外のファンも多い。

マカティ ▶Map P.137-C1

住B. Valdez St. Cor. Makati Ave., Makati 電(02)8899-4020 開10:00～22:00 休なし Card MV

グループで料理をシェアしても楽しい

ラプラプ
Lapu-Lapu (P150/kg)
フィリピンでは高級魚として有名

ブコ・ジュース
Buko Juice (P145)
ブコはココナッツのこと

空芯菜(カントン)のアドボ
Adobo ng Kantong (P300)
シャキシャキした食感と醤油の味がたまらない

クリスピー・パタ
Crispy Pata (P860)
カリカリでコクのあるたれで人気のメニュー

家庭的で繊細な味

セントロ1771
SENTRO 1771

何を頼んでも外れがなく、フィリピン料理は初めてという人におすすめ。店内は明るくあたたかな雰囲気。気取りのない盛りつけがどこかほっとさせてくれる。

グリーンベルト5の1階にある

マカティ ▶Map P.136-B3

住GF, Greenbelt 5, Ayala Center, Makati 電(02)7757-3941 開11:00～23:00(金・土～24:00) 休なし Card ADJMV URL sentro1771.com

フライド・ケソン・プティ
Fried Kesong Puti (P530)
ラクーナ州特産のカッテージチーズを揚げたもの

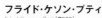

シズリン・トーフ
Sizzling Tofu (P200)
揚げ豆腐を醤油とマヨネーズで味付けしたもの

マニラにはおしゃれな店がいっぱい!

シニガン
Sinigang (P710)
魚介や肉類を具とした伝統的な酸味のあるスープ

植民地時代のおいしい遺産

極上 スペイン料理に 舌鼓

SPANISH GASTRONOMIC EXPERIENCE

マニラにはおいしい
スペイン料理がたくさん！
洗練された美食の世界を楽しもう

スペイン料理店はほかのレストランに比べ予算は高め

マゼラン VS 酋長ラプラプ

宣教師を送り込み、
島を次々に征服

377年間
の支配

1521年	マゼランが上陸
1571年	マニラ陥落
1896年	カティプナンの武装蜂起
1898年	アメリカの支配

なぜスペイン？
フィリピン歴史講座

マゼランの上陸を機に、フィリピンは実に377年もの間スペインの支配下におかれた。その影響は文化や宗教、生活にまで浸透。現在も国内各地に本格スペイン料理店や、スペイン情緒あふれる町並みが残されている。

本場スペイン・カタルーニャ仕込みの味を堪能あれ！

ラス・フローレス
LAS FLORES

マニラで1、2を争うスペイン料理の人気店。店内はモダンかつスタイリッシュで、スペインらしくスタッフもたいへん陽気。カタルーニャテイストの料理はどれも絶品だ。

BGC ▶ **Map** P.137-D1

住 GF One Mckinley Place, 25th St., Cor. 4th St., BGC, Taguig 電 0916-619-3365 営 11:00～22:00（金・土～24:00）休 なし Card AMV 交 高架鉄道Line3ブエンディア駅からタクシーで10分 他 オカダ・マニラ店→P.44

牛肉のカルパッチョ（₱995）

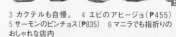

3 カクテルも自慢。　4 エビのアヒージョ（₱455）
5 サーモンのピンチョス（₱835）　6 マニラでも指折りのおしゃれな店内

1 店の名物パエリア・ネグラ（₱1295）　2 コロコロとかわいらしいチョリソーのクロケッタ（₱290）

イベリコ豚
のリブ・グリル
（₱1490）

遊び心あふれる創作スペイン料理

ラ・ピカラ
LA PICARA

"La Picara"（スペイン語で生意気）という名前が示すように
遊び心満載の創作料理が売りの人気店。開放感のあるテラス席では、ボニファシオ・ハイストリートを眺めながら料理を楽しめる。

BGC ▶ Map P.137-D1

住 2nd Floor, One Bonifacio High Street Mall, 28th St. Cor. 5th Ave.,
Taguig 電 0927-172-4480 営 11:00〜24:00 休 なし Card AJMV 交 高架
鉄道Line3 ブエンディア駅からタクシーで15分

極上スペイン料理に舌鼓み

スペイン風マ
グロのたたき、
ベントレサ・
エスカブチェ
（₱920）

ワインを頼むとジャガ
イモのフリットをつけて
くれる

1 ワインのサーブも本格的
2 ジャガイモのオムレツ
（₱420） 3 カジュアルに
楽しめるカウンター席

2

タラのクロケッタ
（₱390）

シュリンプのベーコン
巻きグリル（₱480）

1952年創業の老舗
アルバ
ALBA

老舗のスペイン料理店のなかで
も変わらぬ人気を誇る。ランチタ
イムのビュッフェ（毎日11:00〜
14:00）が人気で、ひとり₱1100と
リーズナブル。料理はどれも深
みのある味わい。18:00〜22:00
にはバンドトリオの演奏も。

マカティ ▶ Map P.137-C1

住 38 Polaris St., Bel-Air Makati
電 (02)8896-6950 営 10:00〜22:00
休 なし Card AJMV 交 高架鉄道Line3
ブエンディア駅からタクシーで10分
URL alba.com.ph

マンゴーの
生ハム巻き
（₱450）

メレンゲのケーキ
（₱200）

1 歴史を感じる店内で大人のディナータ
イムを 2 パエリアのなかでも人気のパ
エリア・ネグラ（₱750） 3 手作りチョリ
ソーのフリット（₱400）

熱気と喧騒から逃れる
人気のこだわりカフェでほっとひと息

マニラにもサードウエーブコーヒーの波が訪れ、
コーヒーにこだわったおしゃれなカフェが続々オープン！
指折りの人気カフェを紹介

Escape to Hideout Cafes

若者のコミュニティハブとして機能
コミューン・カフェ
Commune Café 　マカティ

ダバオ、コルディレラ、コタバトなど、フィリピン産のアラビカ豆のみを使用するというこだわりをもつカフェ。ワークショップやイベントを頻繁に開催し、常に現地の若者でにぎわっている。深夜まで営業し、アルコールも置いている。

人気メニューの
アフォガート₱230

▶ **Map** P.137-C1

🏠 36 Polaris Cor. Durban St., Poblacion, Makati 📞(02)8275-6324 🕐8:00～24:00(月・火～22:00) 休なし Card MV ꩜ 高架鉄道Line3ブエンディア駅から徒歩20分 URL www.commune.ph

フィリピン産の
豆で入れたカプチーノ
₱130/160

人気のヒミツ

3Dラテアートが人気!
女性に人気なのが3Dのラテアート。カプチーノを頼んだらお願いしてみよう。

1 地元のヒップな若者でにぎわう店内
2 フィリピンの定番朝食トシログ₱240

日本未上陸！ 豪州発のスペシャルティコーヒー店
トビーズ・エステート
Toby's Estate 　マカティ

コーヒー大国オーストラリアのコーヒー職人、トビーさんが立ち上げたトビーズ・エステート。マニラに進出し今や14店舗を展開している。コーヒー豆を世界各国から仕入れ、独自にブレンド&ローストしている。

▶ **Map** P.136-B2

🏠 V Corporate Center, Shop 6, 125 L.P. Leviste St., Salcedo Village, Makati 📞0917-851-9487 🕐7:00～22:00 休し Card MV ꩜ 高架鉄道Line3ブエンディア駅から徒歩20分 URL www.tobysestateph.com

1 熟練のバリスタが入れてくれる 2 天井が高く広々とした店内 3 サーモン&ケーパース₱375。カプチーノは₱130

人気のヒミツ

洗練された空間演出
ガラス張りのハイセンスな店内は開放的で広々。朝は特に気持ちがよい。

フィリピンコーヒーの産地はバタンガスやミンダナオ島などが有名

Column

古きよき
喫茶文化が残る
エルミタ＆マラテ

かつてマニラ随一の繁華街としてにぎわっていたエルミタ＆マラテ。このエリアではアメリカ文化に影響を受けたダイナー風のカフェや、文化人の集まった老舗喫茶店など、独自のカフェ文化がみられる。昔ながらの雰囲気を楽しみみながら、マニラのディープな一面を感じてみよう。

1 カフェ・アドリアティコは料理もグッド！　2 どこか懐かしい気分になるミッドタウン・イン

カフェ・アドリアティコ Café Adriatico

1979年に創業し、これまで多くの文化人に愛されてきた古きよき老舗の喫茶店。
▶Map P.139-C3
🏠1790 M. Adriatico St., Remedios Circle, Malate
☎0917-808-5184 開7:00～22:00 休なし Card AMV

ミッドタウン・イン　▶Map P.139-D1
Midtown Inn

1階にアメリカ風のダイナーをもつエルミタの安宿。朝は朝食を取る地元の人々で混雑する。
🏠551 Padre Faura St. Cor. J. Bocobo St., Ermita
☎(02)8525-1403 開7:00～21:00 休なし Card 不可

チーズたっぷりのカリフォルニアバーガー₱495

おいしいパンや絶品カフェ飯で人気
ワイルドフラワー・カフェ
Wildflour Cafe　BGC

パンがおいしいカフェとして評判で、持ち帰りでパンを買っていく人も多い。ナチュラルテイストのモダンな店内は広々で、買い物のあとにゆっくりしたいときや、朝食、ブランチにもおすすめ。食事メニューも充実している。マカティのサルセドなどにも支店がある。

BGC店　▶Map P.137-D1
マカティ店　▶Map P.136-B2
🏠4th Ave. Cor. 26th St., BGC, Taguig ☎(02)8365-3872 開月～木7:00～22:00、金6:00～22:00、土6:00～22:00、日6:00～22:00 休なし Card AJMV 🚶マーケット！マーケット！から徒歩15分

1 イスラエルでよく食べられるシャクシューカ₱620
2 ローステッドボーンマロウ₱995

人気のヒミツ
バラエティ豊かなパンの数々
ここのパンは在住日本人にも評判。サービスで出されるバゲットも美味。

マニラの
ロースタリーの草分け　マカティ
ヤードスティック・
コーヒー *Yardstick Coffee*

コーヒーマシーンのサプライヤーであるフィリピン人がオーナー。メルボルンスタイルのコーヒー店で、マニラのスペシャルティコーヒー・ブームの火付け役。MOAスクエアなどにも支店がある。

🏠GF Universal LMS Bldg. 106 Estehan St., Legazpi Village, Makati ☎(02)8372-3891 開7:00～20:00 休なし Card MV 🚇高架鉄道Line3アヤラ駅から徒歩20分
🌐 www.yardstickcoffee.com

レガスピ・ビレッジ店　▶Map P.136-A2
MOAスクエア店　▶Map P.134-B2

人気のヒミツ
コーヒーへのこだわり
豆の品質と新鮮さには定評がある。すべて焙煎したての豆を使用。

1 スタイリッシュな店内
2 オーチャータ₱170（左）、フィールグッド・ラテ₱245
3 シンプルな店構え。見逃さないように

新鮮フルーツ
もあるよ！

人気のヒミツ

サルセド・コミュニティ・マーケットは、厳しい審査を設けているため、出店するのはハイクオリティの店ばかり。同じ店ばかりにならないようバランスよく採用している。

タホ売りも
出現！

タギッグ市、パサイ市ではメルカート・セントラルというフードブースが出店するイベントも催されている

サルセド・コミュニティ・マーケット
Salcedo Community Market

マカティのビジネス街、サルセドで行われるウイークエンドマーケット。開催は週1回のみだが、出店のレベルが高く、在住日本人も訪れる人気イベントだ。スケジュールが合えばぜひのぞいてみたい。

▶ **Map** P.136-B2

住 Jaime C. Velasquez Park, Makati 時 土7:00〜14:00

ジョックス・キッチンJoq's Kitchenから出店しているジェニさん。地元の素材を使った手作りの各種スプレッドは絶品！

バタンガスから来たロビンさんの自慢はプト（ライスケーキ）。売り切れ必至の人気スイーツだ

おいしいもの
大集合！

週末にマカティで開かれるウイークエンドマーケットは
指折りのおいしいものが集まる人気のイベント
少し早起きをして、朝食抜きで出かけよう！

人気ウイークエンドマーケットで グルメ三昧

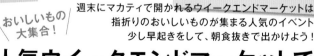

LET'S GO OUT TO
WEEKEND MARKET !!

人気ウイークエンドマーケットでグルメ三昧

スペイン料理の定番シーフードパエリア。真っ黒なイカスミ風味がおすすめ

マーケットエリア内にはテーブルがあり、飲食もできる

焼き魚のコーナーには、ティラピアやバグスなど現地でしか味わえない魚介が並んでいる

カーリートスさんの、フィリピンならではの食材を使った瓶詰。保存料は一切使用していない

たこ焼きなどの日本料理やシュウマイ、ケバブといった世界各国の料理も出店

オベさんの家庭料理店。ラザニアはすぐに売り切れるベストセラー

こだわりをもった
おいしい店が
盛りだくさん！

食のメルティングポット、パンパンガ州のおいしい家庭料理

カールさん夫妻はもち米で作ったフィリピンのお菓子スマンを出品。もちもちでおいしい

みやげ物探しにも | Column

数ある店のなかにはフィリピンならではの民芸品を扱う店もある。値段もそれほど高くなくみやげ物探しにおすすめ。もちろんクオリティは実行委員会のお墨つきだ。

日曜はこちらへ

レガスピ・サンデー・マーケット
Legazpi Sunday Market

アヤラ・センターの西にあるレガスピ・ビレッジの公園で行われる。内容はサルセドとほとんど変わらない。

▶ Map P.136-A2

住 Legazpi Carpark (Legazpi corner Herrera Streets), Legazpi Village, Makati 時 日7:00 ～14:00

/ **MERIENDA** /

アイスはいかが～

1日5食!? フィリピンのメリエンダ文化

フィリピンの食文化を語るうえでは欠かせない
間食の文化、メリエンダに触れてみよう！

メリエンダって？

イントラムロスそばの路上に立つ屋台

フィリピン人は3度の食事の合間にメリエンダと呼ばれる間食を取る。これはもともと旧宗主国スペインの習慣だが、現在では食べることが大好きなフィリピン人の間にしっかりと根づいている。おやつと聞くと軽いスナック程度を想像してしまうが、彼らはファストフード店に繰り出すなどしてけっこう本格的に食事をする。

食べるメニューはパンシット（中華麺）、トゥロン（バナナの春巻き）、バナナキュー（揚げバナナ）、シオマイ（シュウマイ）、エンサイマダ（パン）などさまざま。学校の近くにはこれらを販売する屋台が並び、時間が来ると子供たちで大にぎわいとなる。オフィスにはお菓子を担いだ売り子がわざわざ売りにくるところもある。

1 屋台に並ぶトゥロン 2 さまざまなライスケーキ 3 串に刺さったシオマイ 4 キャッサバで作ったピチピチと呼ばれるお菓子 5 フィリピン風お汁粉ギナタアン・ビロビロ

メリエンダタイムの歩き方

マニラのストリートや市場ではメリエンダタイムにたくさんの屋台が営業している。バクララン・マーケット内にあるウグボと呼ばれる一角にはメリエンダメニューの屋台がたくさん並んでいて、庶民が楽しむメリエンダの雰囲気を味わうことができる。

マニラのいくつかのビュッフェレストランでは、「メリエンダビュッフェ」と称して15:00～17:00頃に軽食を食べ放題で提供している。多くのフィリピン人がもうすぐ夕食時だというのに、山盛りによそっては お代わりを繰り返していて、そのたくましさに感嘆する。

マニラの夜景とともに楽しむ
ミダスホテル・サンセット・ラウンジ
Midas Hotel Sunset Lounge
▶Map P.134-B2

ロハス大通り沿いにあるミダスホテル内のカフェでは、メリエンダタイム（15:00～18:00）に₱700でメリエンダメニューのビュッフェを提供している。

🏠2702 Roxas Blvd., Pasay 📞(02) 7902-0100
🕐13:00～21:00（メリエンダビュッフェは15:00～18:00）休なし Card ADJMV

市場で庶民派メリエンダ
ウグボ・サ・バクララン
UGBO sa Baclaran
▶Map P.134-B2

バクララン・マーケットの一角にフード屋台が並ぶ。メリエンダタイムには軽食を楽しみに地元の人たちでにぎわう。※スリなども多いため日中に十分な注意をして楽しみたい。

🏠UGBO sa Baclaran, Baclaran, Parañaque
🕐14:00～22:00

見ているだけでも食欲をそそる店ばかり

MANILA
SHOPPING

**Chocolate & Coffee, Eco & Organic Products,
Local Fashion Brand,Shopping Malls, etc.**

ショッピングパラダイス マニラ！

巨大なショッピングモールは
世界の有名ブランドのショップが並ぶ買い物天国。
地方発の個性的なクラフトも魅力的！

豊かなフレーバー！ ＼おみやげの決定版／
フィリピン産チョコレート&コーヒー
Local Chocolate & Coffee

あまり知られていないけれども、南部のミンダナオ島を中心に
おいしいコーヒーやカカオが生産されている。

各₱249

各₱149

ミルクチョコレートのほかに、ラブヨ（唐辛子）や
コーヒーフレーバーといった変わり種のチョコレー
トもある（クルトゥーラ ▶P.64）

オーガニックカカオを使用
したチョコレート
（クルトゥーラ ▶P.64）

チョコレート
Chocolate

₱140

₱395

₱120

ミンダナオ島ダバオ産カカオを
使用したホットチョコレート
（エコ・ストア ▶P.67）

砂糖や添加物を使用せず、カミギン島のカカ
オのみで作ったカカオ・タベラ
（カタ・ライフスタイル・ストア＋カフェ ▶P.67）

カミギン島産ココアパウダー
（カタ・ライフスタイル・ストア＋カフェ ▶P.67）

エスコルタ・コーヒー Escolta Coffee

中華街ビノンドのファースト・ユナイテッド・ビルディングにあるコーヒーロースター。フィリピン各地から高品質なコーヒーを取り揃えていて、隣接のカフェでコーヒーを味わえる。

> Map P.137-D2

住GF First United Building, 413 Escolta St., Binondo, Manila
TEL0960-272-6964 開10:00～18:00
休なし Card JMV 交高架鉄道Line1
カリエド駅から徒歩5分
URLwww.escoltacoffee.co

₱970
₱470

₱600

₱550

ドリップバッグ10個セット。クリスマスギフトのシーズン限定のデザイン。伝統衣装の人々のイラストがかわいらしい

標高の高い山岳地方のアラビカコーヒーから日本では単体で飲まれないロブスタコーヒーまで、バリエーション豊かな品種や国内産地を揃えている

コーヒー
Coffee

₱245

簡単にコーヒーが入れられるエコ・ストアのドリップバッグ
（エコ・ストア P.67）

コーヒー・トンヤ Coffee Tonya

マカティのポブラシオンにある、横浜発の日系のコーヒーショップ。店内の焙煎機で好みに合わせてその場で焙煎してくれる。ここでしか手に入らないフィリピン産コーヒーを取り扱っている。

> Map P.137-C1

住4970 P. Guanzon, Makati TEL(02)8899-5410 開10:00～21:00
（金・土 ～22:00、日 11:00～）休日 Card MV 交高架鉄道line3グアダルーペ駅からタクシーで8分 URLwww.coffeetonyaph.com

₱260

人気はミンダナオ島のMt.Apo産と北ルソンのTublay産

1 電動の焙煎機を使って5～10分で焙煎してくれる 2 世界中のコーヒーと並んでフィリピンのコーヒーも取り扱っている

カカオとコーヒーは森の恵み

カカオやコーヒー栽培と森林保全を同時に実現するため、アグロフォレストリーという方法で果樹や樹木の間で育てている農園がある。トレサビリティの確保された商品を選ぶとフィリピンの生産者にエールを送ることができる。

カカオは実の中にある種を利用する

1 保存ができ単価の高いコーヒーは山岳地方の農家にとって貴重な現金収入だ
2 赤く熟したコーヒーの実を一つひとつていねいに収穫していく

（写真提供 カピ・タコ・エンタープライズ）

Best Souvenir Shop in the Country

おしゃれで高品質、そしてリーズナブル

おみやげは人気店でまとめ買い！

豊富な品揃えを誇るクルトゥーラ
おみやげ選びに困ったら、
ここに来れば間違いなし！

女性に人気！

ジュースパックのリサイクルバッグ
₱649

定番商品
バージンココ
ナッツオイル
₱209

頭皮を清潔に保つ

85% Dark Chocolate

赤サンゴの
ネックレス
₱3999

グゴの木の皮か
ら抽出したエキス
の入った天然育
毛シャンプー
₱209

さまざまなカカオ濃度の
チョコレートが揃う
₱249

ジプニーのデザインがかわいらしい
フィリピン産シガーケース
₱1949

肌になじみやすいココナッ
ツオイルのボディバター
₱249

\Check!!

こちらもチェック
ジプニーグッズ→P.19
Tシャツ→P.68

クルトゥーラのススメ

①店舗数が多い
SMショッピングモール内に店舗が
あったり、SMデパートにもコーナーが
あったりして圧倒的な店舗数を誇る。
②フィリピンメイド
フィリピン各地からフィリピン伝統、
名産の品々を集めている。
③高品質なのにリーズナブル
質の高い商品でもたいへんリーズナ
ブルに購入できるのは、SMという大
企業ならでは。
④豊富な品揃え
民芸品から伝統衣装、食品まで、フィ
リピンのみやげ物ならすべて揃う。

クルトゥーラ
Kultura

URL www.kulturafilipino.com

SMモール・オブ・アジア店

● マニラの支店

SMモール・オブ・アジア店 ■Map P.134-B2
住GF, Main Mall, Mall of Asia, Pasay
電(02) 8556-0417 開10:00～22:00 休なし
CardADJMV 交高架鉄道Line1エドゥサ駅から
タクシーやジプニーで15分

SMマカティ店 ■Map P.136-B3
住2F, SM Makati Annex Building, Brgy. San
Lorenzo, Ayala Center, Makati 電(02) 8892-
1027 開10:00～21:00（金・土 ± ～22:00）休な
し CardADJMV 交高架鉄道Line3アヤラ駅か
ら徒歩5分

SMメガモール店 ■Map P.133-D3
住Upper GF, Bldg. A, SM Mega Mall, Ortigas
Center, Mandaluyong 電(02) 8667-3914
開10:00～22:00 休なし CardADJMV 交高架
鉄道Line3オルティガス駅から徒歩5分

SMアウラ・プレミア店 ■Map P.137-D1
住Level 3, SM Aura Premier, 26th St. Cor.
McKinley Parkway, BGC, Taguig 電(02) 8808-
5421 開10:00～22:00 休なし CardADJMV
交マーケット!マーケット!から徒歩10分

まだまだある！おすすめ店

高級おみやげを探すならココ！
ルスタンズ Rustan's（→P.25）

高級ショッピングセンターなので、おみやげショップもハイエンドなものが揃っている。最上階がおみやげ関連商品の集まるフロア。

落ち着いた雰囲気の店内

マカティ ▶Map P.136-B3

住 Ayala Center, Ayala Ave., Makati 電 (02) 8813-3739 開 10:00～21:00（金～日 ～22:00）休 なし Card AJMV 交 高架鉄道Line3アヤラ駅から徒歩15分 URL rustans.com.ph

民芸品ならおまかせ！
シラヒス・アート＆アーティファクト Silahis Art & Artifacts

イントラムロス内にある民芸品店。3フロアにフィリピンのありとあらゆる民芸品が集められている。スタッフも親切。

マニラ地区 ▶Map P.138-B2

住 744 General Luna St., Intramuros, Manila 電 0917-891-3752 開 10:00～17:00 休 なし Card ADJMV 交 高架鉄道Line1セントラル駅から徒歩20分

マウンテン州の伝統織りのハンドバッグ ₱995

ビーズと麻で作った鳥のオーナメント ₱450

カレッサのミニチュア ₱1万4500

カピス貝の皿 ₱2150

ドライマンゴーでは一番人気！

7Dのドライマンゴー ₱115.5

熟したものよりこちらのほうが好きという人も

ドライグリーンマンゴー ₱149.75

コルディレラの伝統柄手織りランチョンマット ₱799.75

カピス州の名産、カピス貝で作ったソープディッシュ ₱799.75

淡水パールのイヤリング ₱1299

健康食品としても知られるビコール地方名産のピリナッツのオイルを使用！

おすすめ！

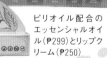

ピリオイル配合のエッセンシャルオイル（₱299）とリップクリーム（₱250）

バタンガス産のバラコと呼ばれる品種のコーヒー ₱399

ココナッツワイン ₱489

アバカは日本の紙幣にも含まれている

バージンココナッツオイル配合の石鹸セット ₱99

伝統柄があしらわれたカップ ₱290

アバカ（フィリピン麻）の財布 ₱549.75

今マニラは健康ブーム。オーガニックな食品やコスメを扱う店が急増している

おみやげ選びに最適
ピノイテイストのおしゃれ雑貨店

Pinoy Style Souvenirs

近年、ピノイテイストのおしゃれなショップが続々オープン！フィリピンならではの物なので、おみやげにも最適だ

聖母マリアをモチーフにしたネックレス
●P2298

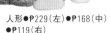

人形●P229（左）●P168（中）●P119（右）

フィリピンの伝統衣装の絵が描かれたマグネット P138（左）●P89（右）

パペメルロティ
Papemelroti（→P.73）

マニラ各地のショッピングセンターに出店している、アクセサリーやギフトグッズを扱うショップ。女性らしいフィリピンテイストの商品や、キリスト教をモチーフにした商品などが人気。

店内は女性客がほとんど

マカティ ▶Map P.136-B3

住2F Glorietta 1, Ayala Center, Makati 電(02) 7933-6905 営10:00～21:00（金・土 ～22:00） 休なし CardMV 交高架鉄道Line3アヤラ駅から徒歩10分 URLwww.papemelroti.com

かわいらしいデザインのはがきを旅先から送るのも楽しい●P50

布製の扇子●P289

カラフルなマスキングテープ●スリムP139●ワイドP159

手織り布のパスケース●P399

木製ビーズの手作りバッグ●P1489

多様なクラフトを揃える

マカティ ▶Map P.135-C1

コモン・ルーム
Common Room

地方やパヤタスなどのコミュニティで作られている工芸品から若手クリエーターの作品まで、幅広くフィリピンのクラフトを扱うショップ。日本でも使いたくなるおしゃれな商品が多い。

住2F, New Wing Rockwell Center, Makati 電0956-368-0359 営11:00～21:00 休なし CardMV 交高架鉄道Line3グアダルーベ駅から車で10分 URLcommonroomph.com

スマホを差し込むと音が柔らかくなる木製スタンド●P559

南国らしい明るい色のリップカラー●P219

アーティストによりペイントされたジャケット●P1800

ペソ紙幣デザインのキーホルダー●P50

ハブ・メイク・ラボ
HUB Make Lab

エスコルタ通りファースト・ユナイテッド・ビルの1階にあるショッピングスペース。マニラを拠点とするクリエーターの作品を中心に販売している。1点物も多く一期一会の逸品に出合えるかも。雑貨のほか、カメラ店や理髪店もある

マニラ地区 ▶Map P.137-D2

住First United Building , 413, Escolta St., Binondo ,Manila Mailhubmakelab@gmail.com 営10:00～18:00 休なし Card不可 交高架鉄道Line1カリエド駅から徒歩5分

自然素材で編まれたバッグにペイントしている●P1350

色とりどりの指輪●P200

Eco & Organic Shops

天然素材で体に優しい

エコ＆オーガニックなショップ

環境や健康意識の高まりつつあるフィリピン。
社会貢献を掲げるオーガニックな店でショッピング！

天然素材の石鹸
●₱120（上）●₱180（下）

薬草から作られた消臭スプレー●₱358

ココナッツで作ったたわし
●₱20

フルーツドレッシング
●各₱290

オーガニックシャンプー＆
コンディショナー●₱200

ダークハニー
●₱215

ベストセラーのボディスパ
●₱250

オリーブから作ったボディスクラブ
●₱299

モリンガ・コンディショナー＆シャンプー●₱250

コメ油の化粧水
●₱495

マンダリンオイルの入ったコンディショナー
●₱299.75

トマトのフェイストナー
●₱199

人気No.1のサンフラワーオイル。さまざまな美容ケアに●₱319（100ml）

傷などに効くレスキューバーム（左）ストレス解消のスージングバーム（右）
●各₱119（10g）

無添加のナチュラルソープ
●₱79.75～99.75

カタ・ライフスタイル・ストア＋カフェ Katha Lifestyle Store + Café

クバオエクスポ内にあるストア兼カフェ。持続可能で健康的なライフスタイルをコンセプトに商品を揃える。週末にはクラフトのワークショップなども開催している。

ケソン・シティ ▶Map P.133-D2

🏠 GF, Cubao Expo, 3 General Romulo Ave., Cubao, Quezon City 🕐13:00～21:00（金～日11:00～）休なし Card不可 🚃高架鉄道Line2アラネタセンター・クバオ駅から徒歩10分

エコで健康的なライフスタイルを提案

エコ・ストア Echo Store

手作りのフェアトレード商品や環境に優しい各種商品を扱っているが、コスメが充実しているので、現地在住の日本人女性にも人気。フィリピン産の物ばかりなので、おみやげにもぴったり。

マカティ ▶Map P.136-B1・B2

🏠 GF, Manhattan Square Condo,162 Valero St., Salcedo Village, Makati 📞0977-718-5095 🕐8:00～18:00 休日 Card AJMV 🚃高架鉄道Line3アヤラ駅から車で10分

店内にはカフェもある

ヒューマン・ネイチャー Human Nature

天然素材100％をうたう、手頃な値段で人気のコスメショップ。現地のフィリピン人はもちろん、在住日本人の間でも評判。スーパーやショッピングセンターで手軽に買えるのもうれしい。

マカティ ▶Map P.136-B3

🏠 2F, Glorietta 3, Ayala Center Makati 📞0917-626-4367 🕐10:00～21:00（金・土～22:00）休日 Card AJMV 🚃高架鉄道Line3アヤラ駅から徒歩10分 URLhumanheartnature.com

袋もキュート！

さまざまな種類のコスメが陳列されている

Popular Pinoy Fashion Brands

モダンでリーズナブル フィリピン100%！

人気ピノイブランドを手に入れろ！

ピノイとは"フィリピンの"という意味

マニラで狙うべきはモダンでリーズナブルなアイテム。注目のローカルブランドを手に入れよう！

₱695
フィリピンの風景がモチーフの帽子
E スエズ・アンド・サポテ・ストア

₱599
ユーモラスなイラストのTシャツ
C アートワーク

ホセ・リサールのイラストが印象的なTシャツ
₱895
E スエズ・アンド・サポテ・ストア

タガログ語で"レクト行き"と書かれたTシャツ
A リニャリニャ
₱650

ペット用の服もある
C アートワーク
₱599

₱3495

暑いマニラではショートパンツが便利
F マルディータ
₱1995

ナチュラルなテイストのワンピース
バヨ

人気のジプニーTシャツ
₱899
B クルトゥーラ

A 独自の世界観をもつイラスト
リニャリニャ Linya Linya
独特のタッチのイラストがデザインされたTシャツが人気。タガログ語が書かれたものはフィリピンでしか手に入らない一品。
住 GF Glorietta3 TEL 0945-786-0963 開 10:00～21:00（金・土 ～22:00） 休 なし Card 不可
交 高架鉄道Line3アヤラ駅から徒歩10分 URL linya-linya.myshopify.com

マカティ Map P.136-B3

B 万能みやげ物店
クルトゥーラ Kultura（→P.64）
人気のみやげ物店だが、Tシャツやバロンタガログなどの服も扱っている。モダンなデザインのTシャツは要チェック。
住 2F SM Mataki Annex Building TEL (02)8892-1027 開 10:00～21:00（金・土～22:00）
休 なし Card ADJMV 交 高架鉄道Line3アヤラ駅から徒歩5分 URL www.kulturafilipino.com

マカティ Map P.136-B3

C 格安Tシャツがいっぱい！
アートワーク Artwork
ポップなファッションアイテムをプロデュースする人気店。店内にはカジュアルなオリジナルデザインのTシャツがずらり。
住 2F Glorietta4, Ayala Center, Makati TEL (02)8942-6724 開 10:00～21:00（金・土～22:00） 休 なし Card MV 交 高架鉄道Line3アヤラ駅から徒歩10分 URL www.artwork.ph

マカティ Map P.136-B3

フィリピン固有の織物を現代風にアレンジ

高品質&ハイセンスな高級ブランドも！

フィリピン伝統文化とともに
フィリップ＋イナ
Philip + Inna

ミンダナオ島出身のデザイナー、レン・カビリがフィリピン各地に伝わる伝統織にインスピレーションを受けて立ち上げたブランド。ほとんどの商品はオンラインで国際発送も可能。

マンダルヨン ▶ Map P.133-D3

住 15 Ideal St., Addition Hills, Mandaluyong 電 0977-849-0181 開 8:00〜21:00（土 〜16:00）休 日 Card MV 交 高架鉄道Line3オルティガス駅から車で10分 URL filipinna. com

100年愛される革製品
ザ・ターナリー・マニラ
The Tannery Manila

1901年マニラ近郊のブラカン州の染革工場として創業。欧米や日本に革を輸出していたが2013年に独自ブランドをスタート。良質な革製品を長く愛用できるように製品のメンテナンスも行う。

パサイ ▶ Map P.134-B2

住 3F, Central Mall, MOA, Seaside Blvd., Pasay 電 0917-124-9186 開 10:00〜22:00 休 し Card AJMV 交 高架鉄道Line1エドゥサ駅から車で10分 URL thetannerymanila.com

ビジネスシーンでも使えそうな革のバッグ

鮮やかな発色の革は女性にも人気

SHOPPING

04

人気ピノイブランドを手に入れろ！

₱5499

ボタンのアクセントがスタイリッシュなトップス
F マルディータ

₱1695

₱499

犬のイラストのベースボールキャップ
C アートワーク

丸みのあるシルエットの女性用バロンタガログ
B クルトゥーラ

₱349

タガログ語で"私はあなたのことを思っています、私のお金"と書かれた財布
A リニャリニャ

₱1795

シックなサンダルはドレスにも似合う
D バヨ

₱2894

マニラの町に映えそうなボタニカル柄のパンツ
D バヨ

D 人気レディスの定番
バヨ Bayo

ほとんどのショッピングモールに出店しているレディスブランド。シックでスタイリッシュなデザインだがリーズナブル。

開 10:00〜21:00（金・土 〜22:00）休 なし Card AJMV 交 高架鉄道Line3アヤラ駅から徒歩10分 URL bayo.com.ph

マカティ ▶ Map P.136-B3

E フィリピンの英雄をポップに
スエズ・アンド・ザポテ・ストア Suez and Zapote Store

チーム・マニラというデザイン集団が手がけたホセ・リサールをモチーフとしたTシャツなどが人気。

住 2631 Zapote St., Cor. Suez St., Santa Cruz, Makati 電 (02) 8555-1685 開 9:00〜19:00（土10:00〜16:00）休 日 Card AJMV 交 高架鉄道Line3アヤラ駅から車で約15分

マカティ ▶ Map P.136-A1

F 複数のラインを展開
マルディータ Maldita

コンテンポラリーデザインの服を扱うマニラ発のブランド。レディス、メンズともに普段使いできそうなおしゃれな服が揃う。

住 3F, Central Mall, MOA, Seaside Blvd., Pasay 電 (02) 8371-1432 開 10:00〜22:00 休 なし Card AJMV 交 高架鉄道Line1エドゥサ駅から車で10分 URL malditastore.com

パサイ ▶ Map P.134-B2

Manila　**69**

グリーンベルト5の1階、公園側にはレストランが並び気持ちよく食事ができる

徹底解剖！
ショッピングセンター
その**1**

マニラきっての高級ショッピングセンター
グリーンベルト
Greenbelt

🌐 Map P.136-B3
🏠 Ayala Center, Makati
🕐 11:00〜21:00（土・日・22:00）※店舗により異なる
🔗 www.ayalamalls.com.ph

5つのパートで構成される巨大モール。
中心には市民の憩いの場グリーンベルト公園があり、
その緑豊かで優雅な姿はアヤラ・センターのシンボルにもなっている。

🍴 ひとりでも入りやすい
A **マナム** Manam

多くのショッピングモールに出店している洗練されたフィリピン料理の店。メニューは大・中・小のサイズを選ぶことができる。

☎ (02)7625-0515 🕐 11:00〜21:00（金・土〜22:00）休 なし
Card AMV 🔗 momentgroup.ph

飲食店専門館
Greenbelt
2

1階に世界各国の料理が楽しめるおしゃれな飲食店がずらりと軒を連ねる。2階は駐車場。

Greenbelt 2 飲食店リスト
イタリアーニス（イタリア）／シーマ（ギリシア）／コンティズ（ベーカリー）／ビズ（喫茶店）／マリー・グレース（カフェ）／バルチーノ（スペイン）／パーフェクト・ピント（ビアバー）

Column
生まれ変わるグリーンベルト1

2024年4月に閉鎖され取り壊しが始まるグリーンベルト1は、（株）アヤラ・ランドが運営する32のショッピングモールのうち最古のものだった。最先端のモールとして4年後に再オープンの予定。

新たなグリーンベルト1の建築計画

再オープンは
2028年の予定
Greenbelt
1

2024年4月に建て替えのため閉鎖になり、41年の歴史に幕を閉じた。

① （閉鎖）
⑤
Ⓕ

映画館にゲームセンター、カラオケボックス、レストラン、ショップなど何でも揃う。

何でも揃う
メイン館
Greenbelt
3

Ⓐ 1F
②

🍴 高級タイ料理の定番
B **ピープルズ・パレス**
People's Palace

在住日本人おすすめの人気のモダンタイ料理店。味はもちろん、盛りつけや器にまでこだわりが見られる。

☎ (02)7729-2888 🕐 11:00〜22:00 休 なし
Card AMV 🔗 www.peoplespalacethai.com

D マッシモ・ドゥッティ
Massimo Dutti

日本未上陸のスペインブランド

日本でも人気の「ZARA」のシスターブランド。上質の素材とデザインで、ワンランク上のおしゃれを目指す女性に人気。

TEL (02)7757-0392 **開** 11:00～21:00 **休** なし
Card AJMV **URL** www.massimodutti.com

E ザラ・フアン
Zarah Juan

個性的なデザインと色彩のピノイブランド

ジプニーやカセットテープなど個性あふれるデザインのバッグを手がけるフィリピンデザイナーのショップ。

TEL 0927-875-5125 **開** 11:00～21:00 **休** なし **Card** AJMV **URL** www.zarahjuan.com/

F メサ
Mesa

モダンなフィリピン料理なら

地元のフィリピン人でいつも混み合っている。器やディスプレイもおしゃれ。レチョンやチキン・ビナコルなどが人気。

TEL 0917-891-6372 **開** 11:00～21:00
休 なし **Card** AMV

G イラヤ・マンギャン・ニト・プロダクツ
Iraya-Mangyan Nito Products

マンギャン族のハイクオリティな民芸品

ミンドロ島に住む少数民族マンギャン族が作る独特なデザインの民芸品。グリーンベルトやグロリエッタにキオスクで出店している。

TEL 0917-841-1887 **開** 11:00～19:00 **休** なし **Card** MV **URL** www.ayalafoundation.org

人気の店が揃う
Greenbelt
5

レストラン、ショップともに地元で人気のある店舗が集まっている。

Greenbelt 4 ブランドショップリスト
ルイ・ヴィトン／プラダ／ジバンシー／グッチ／サルバトーレ・フェラガモ／バーバリー／ゼニア／ジミーチョウ／ナイキ／H&M

ハイブランドが勢揃い
Greenbelt
4

1階に欧米のハイブランドが多数並び、館内も最も高級感がある。2階は携帯ショップやコスメショップなど。

アヤラ博物館
(→P.78)

C ムセヤ・カフェ
Museya Kafe

木漏れ日に包まれてコーヒーブレイク

アヤラ博物館の脇にある。グリーンベルト公園の木漏れ日が差す中で、フィリピン産コーヒーやケーキ、サンドイッチなどの軽食がとれる。

TEL 0917-119-6092 **開** 10:00～21:00 **Card** AJMV

グリーンベルト教会

グリーンベルト公園

ランドマーク
(→P.24、76)

ウォークウェイ

セントロ1771
(→P.53)

3

N

0   50m

Column

ショッピングセンターに教会？

グリーンベルト公園内には、池に囲まれたかわいらしい円形の教会がある。ショッピングセンターに教会？と思うかもしれないが、フィリピンでは一般的。日曜のミサには多くの人々が訪れ、その不思議な空間を体験してみるのもおすすめだ。

徹底解剖！
**ショッピング
センター**
その**2**

まるで迷宮！
フィリピンらしい"ごちゃまぜ"モール
グロリエッタ
Glorietta

グリーンベルトとともに、
アヤラ・センターを
代表するショッピングセンター。
同様に1〜5に分かれ、あらゆるタイプの
テナントがごちゃまぜになって入っている。

グロリエッタ4とグロリエッタ5の間の広場ではフード屋台の並ぶメルカート・セントラルが開催される

ストレートフォワード

アートワーク

センター内は
まるで迷宮！

Map P.136-B3
住 Ayala Center, Makati
開 10:00〜21:00（金・
土 〜22:00) ※店舗
により異なる 交 高架
鉄道Line3アヤラ駅か
ら徒歩10分 URL www.
ayalamalls.com

ストレートフォワード

GF | Glorietta3

Linya Linya
リニャリニャ
▶P.68

H Hard Rock Cafe Makati
ハードロック・カフェ・マカティ
ルスタンズへ

● Zara

G Tim Ho Wan
ティム・ホー・ワン
Fino
Armani Exchange

● Cinderella

Merrell
Grind
Macdonald's

ランドマークへ

Marks & Spencer
● Gap
● Lacoste

グロリエッタ5へ
のトンネル

● Breadtalk

● Krispy Kreme

● Nine West

C Penshoppe
ベンショップ

B Bench
ベンチ

Supega
Stradivarius
Bayo
バヨ
▶P.69
● Toms

● Rolex

● Cole Haan

Glorietta4

Dorothy Perkins
● Mango
Penguin

● Celine
● Maldita
マルディータ
▶P.69

● Salad Stop!

Bershka

Glorietta2

The Coffee Bean
and Tea Leaf

A Straightforward
ストレート
フォワード

● National
Book Store

Glorietta1

\ Pick Up /
● 人気ピノイブランドが大集合！

シンプルだがセンスのよい
A ストレートフォワード
Straightforward（Glorietta 1／GF）

シンプルながら大胆なデザインと明るいカラーリングが若者に人気のカジュアルブランド。ひとつ買うとひとつ無料になるセールも魅力。

TEL 0915-599-3241 開 10:00〜21:00（金・土 〜22:00) 休なし Card AMV URL shopstraightforward.com

フィリピン版ユニクロ!?
B ベンチ
Bench（Glorietta 2／GF）

フィリピンで広く認知されているご当地ブランド。アメリカにも進出している。幅広い品揃えとリーズナブルな価格で人気。

TEL (02) 7625-3726 開 10:00〜21:00（金・土 〜22:00) 休なし Card AMV URL www.bench.com.ph

定番ピノイブランド
C ペンショップ
Penshoppe（Glorietta 1／GF）

ベンチとともにフィリピン2大カジュアルブランドとして認識されている。中東や東南アジア各国にも出店。

TEL (02) 7621-0639 開 10:00〜21:00（金・土 〜22:00) 休なし Card AMV URL penshoppe.com

\ Pick Up /
● おすすめグルメスポット

ミシュラン1つ星絶品グルメ
G 🍴 ティム・ホー・ワン
Tim Ho Wan (Glorietta 3／GF)

ミシュランで星を獲得したシェフの味を
リーズナブルに堪能できる。点心、小
皿料理とも味がよくおすすめ！

☎ (02) 7729-9367 ⚟ 10:00～21:00 (金・土 ～
22:00) 休なし Card AJMV URL www.timhowan.
com

ライブミュージックを楽しもう
H 🍴 ハードロック・カフェ・マカティ
Hard Rock Cafe Makati (Glorietta 3／GF,2F)

ボリュームのあるアメリカ料理をロックを
聴きながら楽しめるハードロックカフェの
マカティ店。毎日20:00 (金・土は21:00) か
らライブがある。

☎ (02) 7900-3310 ⚟ 12:00～24:00 (金・土 ～
翌1:00) 休なし Card MV URL hardrockcafe.com

3F

3Fは電化製品やインテリアなどお
もに生活用品を売る店が集まる。

カジュアルな店が集まるフードコート
フード・チョイス
Food Choice

ファストフードを中心に飲食店がず
らりと並ぶフードコート。3階なので
アヤラ・センターのシティビューを
楽しみながら休憩ができる。

2F
Glorietta3

Human Nature •
ヒューマン・ネイチャー ▶P.67

▶ルスタンズへ
BK（ウオークウエイ）

Rustan's•

Nike

Jollibee
ジョリビー
▶P.46

Cibo

•Italianni's

Kenny Rogers Roasters•
Shakey's
Kathrine's Cafe Macdonald's
•Fila

•Sakura

E Onesimus
オネシマス

•Burger King

D Artwork アートワーク

Glorietta4

•Jade Garden

•Mangan

F Papemelroti
パペメルロティ BK

Max's
マクセス
▶P.49

•Cafe France

•National Book Store

Glorietta2

Army Navy
アーミー・ネイビー
▶P.48

Popeyes

KFC

Glorietta1

Chowking

オネシマス

◀ランドマークへ（ウオークウエイ）

格安ポップなTシャツの宝庫
D ✉ アートワーク
Artwork (Glorietta 4／2F) (→P.68)

ロックスターなどをモチーフにしたものを
はじめ、ポップでユニークなデザインのT
シャツが印象的。

☎ (02) 8942-6724 ⚟ 10:00～21:00 (金・土 ～
22:00) 休なし Card AJMV URL artwork.ph

カジュアルなバロンタガログを
E ✉ オネシマス
Onesimus (Glorietta 2／2F)

25年以上の歴史をもつ、フィリピンの礼
服バロンタガログを扱う老舗。₱1500く
らいからと、とてもリーズナブル。

☎ (02) 7958-6467 ⚟ 10:00～21:00 (金・土 ～
22:00) 休なし Card AJMV URL onesimus.com.ph

ガーリーなギフトショップ
F ✉ パペメルロティ
Papemelroti (Glorietta 1／2F) (→P.66)

キリスト教やフィエスタなどフィリピンの文
化をテーマにしたかわいらしいグッズが揃
う。デザイナーは創業者の子供たち。

☎ (02) 7933-6905 ⚟ 10:00～21:00 (金・土 ～22:
00) 休なし Card AMV URL www.papemelroti.com

徹底解剖！ショッピングセンター その3

ノース棟のSMハイパー・マーケットはばらまきみやげ探しにおすすめ

東京ドーム8個分の巨大ショッピングセンター
SMモール・オブ・アジア

マニラ湾沿岸の埋め立て開発エリアに建つ一大エンターテインメントモール。4つのエリアに分かれ、ショッピング、エンターテインメント、グルメなどあらゆるテナントが揃っている。

SM Mall of Asia
（通称モアMOA）

ようこそMOAへ！

Map P.134-B2
住 Seaside Blvd., Pasay
開 10:00～22:00（店舗により異なる）交 高架鉄道Line1エドゥサ駅からジプニーやタクシーで10分 URL www.smsupermalls.com

夕日絶景ポイント

レストランやショップのほか、映画館やボウリング場などのエンターテインメント施設が入っている。

エンターテインメントモール
Entertainment Mall

1F

Watami・Coffee & Tea leave　改装工事中
・Adidas　SM Appliance Center
Our Home　iMax　BDC

← SMX Convention center へ　To One E-Com Center へ

アイスバーグ 8カッツ 8Cuts
Icebergs P.43
Genki Zushi
Toy Kingdom　National Book store　マクセス Max's P.49　ティム・ホー・ワン Tim Ho Wan P.73 ヤオヤオ Ilao Ilao

SM Store
Tokyo Tokyo　・J.Lindberg　Swarovski
Kenny Rogers Roasters　ベンチ Bench P.72・Mango　改装工事中
オニタカ Onitaka Tiger　・Watsons　**SM Highpermarket** イエロー・キャブ・ピザ Yellow Cab Pizza P.49
F AristoCrat　KFC　ジョリビー Jollibee P.46　McDonalds　Goldilocks
マン・イナサル Mang Inasal P.48

サウス棟 South Wing
メインモール Main Mall
ノース棟 North Wing

8カッツのこだわり肉のハンバーガー ₱395
ヤオヤオIlao Ilaoで人気のフローズン・ヨーグルト ₱199

食品からファッションまで揃うSMデパートメントストアが入っている。2階には、SMデパートメントストアのほか、スパやネイルサロン、バーバーなどが入っている。

ファッション関連を中心に各種ショップが入っている。

SMハイパー・マーケットがあり、食品が何でも揃う。

ネオンが幻想的な通路（メインモール1F）

Column
SMバイ・ザ・ベイを散歩しよう
MOAの裏はマニラ湾が広がり、沿岸に大型レストランが建ち並ぶ遊歩道SMバイ・ザ・ベイSM by the Bayが整備されている。休日の夕方ともなれば、夕日を見に来るフィリピン人でいっぱいになる。観覧車のモア・アイもあるので、爽快な景色を堪能したい人は挑戦してみよう。
Map P.134-A2
モア・アイ MOA Eye 電(02)8556-0680 開月～木13:00～23:30、金・土13:00～1:00、日13:00～1:00 料₱200(VIP₱250)

\Pick Up!/ ● **おすすめショップ＆レストラン**

A エコなフィリピン・ブランド
ストレートフォワード Straightforward
ヴィーガンレザーを使ったバッグなどを販売。丈夫で長持ちするのはもちろん、廃棄後のリサイクルにまで気を使った本気でエコな商品。
電 0927-206-2776 開 10:00～22:00 休 なし Card AJMV URL www.shopstraightforward.com

B 女の子御用達
カミセタ Kamiseta
キュートでカジュアルな女の子向けブランド。お手頃価格がうれしい。スキンケア商品、アクセサリー、シューズまで揃う。
電 (02)8556-0790 開 10:00～22:00 休 なし Card AJMV URL www.kamiseta.com

キラキラのメリーゴーラウンドが子供たちをひきつける

3F

エンターテインメントモール
Entertainment Mall

改装工事中　改装工事中

改装工事中

Ⓐ
Ⓒ
Ⓑ

スケートリンク

SM Store

マルディータ
Maldita P.69

Food Hall

サ・タナリー・マニラ
The Tannery Manila P.69

Muji

改装工事中

サウス棟
South Wing

メインモール
Main Mall

ノース棟
North Wing

イルミネーションが美しい外の通路

モールは現在も改装・増築中。
どんなショップがオープンするか楽しみ！

巨大モールへのエントランス

エンターテインメントモール
Entertainment Mall

2F

Olive Garden

Ⓔ

Healthy Option
Ⓓ ―Dotonbori

Clocks

改装工事中

IMax

Yabu

Beauty bar
Nine West
Penguin

SM Store

Fred Perry
Marks & Spencer
Zara GAP Lacoste

Cyberzone

改装工事中

Forever 21

Uniqlo

サウス棟
South Wing

メインモール
Main Mall

ノース棟
North Wing

メインエントランスを入ると広がる空間

C オンラインショップが勢揃い
パラゴン
Paragon

ネット販売限定のフィリピン・ブランドの商品を集めたショップ。新人デザイナーの個性的なファッションに出会える。

☎ (02)8556-0790　開 10:00〜22:00　休 なし　Card AJMV
URL www.thepenthouse.ph

D 絶品の豚の丸焼き
レチョネリア
Lechoneria

焼きたてのレチョンを提供。外はカリカリで脂がロースト によってちょうどよく脂が落ちたレチョンは絶品。

☎ 0968-851-7020　開 10:00〜22:00　休 なし　Card AJMV

E 人気の中華店
上海小館
Modern Shanghai

おいしい上海料理が食べられるレストランで、店内で作る小籠包が人気。ベイフロントなので、マニラ湾を眺めながら食事ができる。

☎ 0977-687-5395　開 10:00〜22:00
休 なし　Card MV　URL modernshanghai.com.ph

F 1人前サイズがうれしい
アヴェネト
Aveneto

イタリア料理を手頃な価格で楽しめると人気のレストラン。ピザはスライス単位で注文できるのでひとり旅行者にとってもありがたい。

☎ 0918-659-7909　開 10:00〜22:00　休 なし　Card AJMV

スーパーマーケットで ばらまきみやげ

もはやスーパーマーケットはおみやげ探しの定番。フィリピンならではの格安みやげを見つけよう！

ゴルディロックスのポルボロンはおいしく、ボリュームもたっぷり！

メチャド ＼おすすめ！／
メチャドはフィリピンの煮物料理。555はフィリピンでは人気の缶詰めシリーズでほかの料理もある

ツナの入ったフィリピン料理メチャドはトマト味

₱28.75

マンゴスチンコーヒー
マンゴスチン（→P.20）の外皮の成分が入ったヘルシーコーヒー

₱187

ゴルディロックスのポルボロン ＼おすすめ！／
人気ベーカリーショップの定番商品。スペインのお菓子

₱178

パパイヤ石鹸 ＼おすすめ！／
フィリピンで長年愛されているSilkaのパパイヤ石鹸

₱75

ピアヤ
ネグロス島名物の黒糖入りフラットブレッド

₱111

ココナッツオイル
料理のほかにも伝統マッサージのヒロットなど美容にも利用される

₱517

とってもヘルシー！

地方名産のひと味違ったお菓子もおすすめ！

インスタント バンシットカントン ＼おすすめ！／
意外においしいので友達にあげても喜ばれる

₱14

ドリアンキャンディ ＼おすすめ！／
フィリピンではミンダナオ島が名産地のドリアンは言わずと知れた果物の女王

₱263

カラマンシー（→P.20）という柑橘類が入っている

モリンガの石鹸
近年、健康への効果が注目されている植物

₱115

購入したスーパーマーケット

A ランドマーク Landmark（→P.24）
マカティ ▶Map P.136-B3
住Makati Ave., Ayala Center, Makati 電(02)8810-9990 開10:00～20:30(月・金・土 ～21:30) 休なし CardMV URLlandmarkstore.com.ph

B SMマカティ SM Makati（→P.25）
マカティ ▶Map P.136-B3
住Makati Ave., Ayala Center, Makati 電(02)8810-7777 開10:00～21:00 金・土・日～22:00 休なし CardAJMV URLsmsupermalls.com

MANILA
AREA GUIDE

Makati, Manila, Chinatown, BGC, Tagaytay, etc.

マニラ エリアガイド&
郊外へのショートトリップ

タイムスリップしたかのような石畳の通りから近代的な計画都市まで、
エリアによって、まったく違う町並みを見せてくれるマニラ。
ちょっと足を延ばせば、緑豊かな風景にも出合える。

マカティ
Makati

雨の日はグリーンベルトから続く屋根付きのスカイウェイが便利

メトロ・マニラのCBD(Central Business District)

マニラいちのビジネス地区で穴場スポットを探し歩く

アヤラ・センター（→P.22）はもちろんのこと
サルセドとレガスピにも訪れてみたい
スポットが盛りだくさん！

AREA NAVI

☑ どんなところ？

高層ビルの合間に興味深い見どころやレストラン、カフェ、ショップなどが点在している。ここではおもにアヤラ・センター以外の見どころを紹介。

💡 何をして楽しむ？

おしゃれな店を探して町歩きをするのもいいし、モダンなカフェやレストランでゆったりと過ごすのもいい。

🚃 交通メモ

高架鉄道Line3アヤラ駅やブエンディア駅が最寄りとなる。アヤラ駅からアヤラ・トライアングル・ガーデンまでは徒歩で約20分。

▶ Map P.136

---

1 おみやげ探しにも最適
エコ・ストア
Echo Store

フィリピン各地から集まった健康食品や特産物、オーガニックコスメなどを販売。ギフト用にはセットもあっておすすめ。

▶ Map P.136-B1・B2

🏠 GF, Manhattan Square, 162 Valero, Salcedo Village, Makati ☎ 0977-718-5095 🕐 8:00〜18:00 休 日 Card MV URL www.echostore.ph

カフェスペースもある

のどに優しいとされるグアバのジャム（右）₱175とフィリピン産オーガニック胡椒（左）₱70

2 都会のオアシス
▶ Map P.136-B2
アヤラ・トライアングル・ガーデン
Ayala Triangle Gardens

高層ビル群の谷間に現れる緑豊かな公園。ファストフードからファインダイニングまで飲食店が揃い、食事にもおすすめ。11月中旬から1月中旬までは、光のイルミネーションが美しい。アートイベントなども開催されている。

2023年のイルミネーションには現代美術家も参加

3 歴史ある建物を改装
ブラックバード
Blackbird

戦時中、空港の管制塔だったものが図書館になり、現在はさらに改装されアールデコスタイルのファインダイニングになっている。

▶ Map P.136-B2

🏠 Nielson Tower, Ayala Triangle Gardens, Salcedo Village, Makati ☎ (02) 8828-4888 🕐 11:00〜22:00 休 なし Card AJMV URL www.blackbird.com.ph

随所に当時の面影が残る

4 教育プログラムも充実
▶ Map P.136-B3
アヤラ博物館
Ayala Museum

大改装を終えて再オープンした。フィリピンの歴史を学べる展示と、絵画を中心とした膨大なコレクションが鑑賞できる。

🏠 Makati Ave. Cor. De La Rosa St., Greenbelt Park, Makati ☎ 0917-834-3845 🕐 10:00〜18:00 休 月・祝 Card 大人₱650、子供₱350 URL www.ayalamuseum.org

1 精巧なフィギュアで歴史の名場面を展示　2 改装に1年以上かけてモダンに生まれ変わった

▶▶所要 12時間

おすすめコース ☑

9:00 エコ・ストアでショッピング
10:00 アヤラ・トライアングル・ガーデンを散歩
12:00 ブラックバードでランチ
14:00 アヤラ博物館
15:30 グリーンベルトでショッピング
17:00 スポティッド・ピッグでコーヒータイム
19:00 リトル東京でディナー
21:00 ブラインド・ピッグで乾杯

ビルが建ち並ぶので夜景がきれい！
©Donald Tapan

---

5 壁画アートがすてき
ファット・シード・カフェ＋ロースタリー
Fat Seed Café＋Roastery

グリーンベルト3の2階にある。焙煎機もあって自分たちで焙煎している。大胆な壁画がアートな雰囲気を生み出している。

▶Map P.136-B3

住2F Greenbelt 3, Esperanza St.,Makati 電(02) 7004-4509 営10:00〜21:00 休なし CardMV

BGCにも支店がある

6 都会のオアシス
スポティッド・ピッグ
Spotted Pig

窓から入る自然光が優しい雰囲気。グリーンが多いのもうれしい。ヴィーガン、ベジタリアンなどにも対応している。パンも焼きたてでおすすめ。

▶Map P.136-A2

住109 Esteban, Legazpi Village, Makati 電0917-882-2208 営7:00〜21:00 休なし CardMV

おしゃれな若者に人気

焼き菓子もおいしい

ご飯ものも充実

7 日本食が恋しくなったら
リトル東京
Little Tokyo

居酒屋、和食レストラン、日本食材店、バーなどが小さな鳥居の周辺に並ぶ。隣のマカティスクエアにも和食屋が多い。

▶Map P.136-A3

住2277 Chino Roces Ave., Pasong Tamo Cor. Amorsolo St., Legazpi Village, Makati 営店舗による

ちょうちんの明かりが懐かしい

8 看板のない隠れ家バー
ブラインド・ピッグ
Blind Pig

照明が暗めで、落ち着いた雰囲気の大人の空間。バーテンダーの接客も洗練されている。カクテルは₱495〜。HPから事前予約が必要。

▶Map P.136-A3

住227 Salcedo St., Legazpi Village, Makati 電0917-549-2264 営18:00〜翌2:00 休なし CardAJMV URLwww.blindpig.ph

日本のウイスキーも揃えている

マニラ地区
Manila

要塞の上を散歩するのもおすすめ!

マニラはここから始まった
歴史を感じる町歩きに出かけよう

スペイン情緒の残る要塞都市イントラムロスと
リサール公園を中心としたエリアでマニラの歴史を体感!

夜はザ・ベイリーフのスカイデッキ・ビュー・バー(→P.38)がおすすめ

AREA NAVI

どんなところ?
マニラのオリジン、イントラムロスを擁する歴史的見どころの多い地区。ここでいうマニラとは、メトロ・マニラではなくマニラ市のこと。

何をして楽しむ?
イントラムロスでの史跡巡りや、老舗ホテルのザ・マニラ・ホテルでマニラの歴史に触れたい。

交通メモ
高架鉄道Line 1のセントラル駅、U.N.アベニュー駅が最寄りだが、タクシーやグラブ・カーで行ってもいい。
▶ Map P.138

1 ホセ・リサールが処刑された場所に建つリサール・モニュメント 2 夜まで多くの市民でにぎわう

1
ホセ・リサールの記念碑がある
リサール公園
▶ Map P.138-A〜B3
Rizal Park(→P31)

フィリピンの国民的英雄ホセ・リサールを記念するリサール・モニュメントがある。58ヘクタールと広大で、園内にはふたつの国立博物館、国立図書館、日本庭園、ラプラプ像などもある。

2
名作絵画作品と出合える
フアン・ルナの『Spoliarium』
国立美術館
National Museum of Fine Arts(→P43)
▶ Map P.138-B2

フィリピンの新旧の芸術作品の秀作を展示する美術館。内部にはテーマ別に30ものギャラリーがあり、作品からフィリピンの歴史や暮らしを学べる。

住 Padre Burgos Ave., Manila 電 (02) 8298-1100 開 9:00〜18:00 休 月・祝 料 無料 URL www.nationalmuseum.gov.ph

▶ 所要 11時間
おすすめコース ☑

9:00	リサール公園
10:00	国立美術館
11:00	サン・オウガスチン教会、カーサ・マニラ博物館
12:00	菲華歴史博物館
12:30	スターバックスで休憩
14:00	マニラ大聖堂
15:00	サンチャゴ要塞
16:00	サン・ディエゴ要塞
18:30	バルバラスでビュッフェディナー

チャイナタウン
CHINATOWN

パシッグ川 Pasig River

8 ★サンチャゴ要塞
6 ★スターバックス
イミグレーション
リサール記念館
ローマ広場 Plaza de Rama
7 マニラ大聖堂
Anda Circle
A. Soriano Jr. St.
サン・オウガスチン教会
3
マニラ市街戦記念館 P.31
5 菲華歴史博物館
Cabildo St.
4 イントラムロス INTRAMUROS
カーサ・マニラ博物館
Goal!
10 ★バルバラス
ザ・ベイリーフ P.88
スカイデッキ・ビュー・バー P.38
2 ゴルフコース
9 ★サン・ディエゴ要塞
★国立美術館
マガリャネス通り Magallanes Dr.
ジョンズ橋
Salana St.
Anda St.
ロ St. sobrig
Gen.Luna St.
Palacio

ザ・マニラ・ホテル P.88
マニラ・オーシャン・パーク P.29
ハーバー・ビュー・レストラン P.29
Start!
マニラ湾 Manila Bay
リサール・モニュメント
Burgos St.
中国庭園 日本庭園
ロハス大通り
Roxas Blvd.
1 リサール公園
ツーリストポリス
Maria Orosa St.
U.N.Ave.

★国立人類学博物館
★ラプラプ像
国立自然史博物館
T.M. Kalaw St.
ジョリビー P.46
U.N.アベニュー駅
高架鉄道Line 1 Taft Ave.

重厚かつ壮麗な内装に圧倒される

3 マニラで唯一の世界遺産
サン・オウガスチン教会
📷 San Agustin Church

1599〜1606年に建てられた、フィリピン石造建築のなかで最も古い教会のひとつ。パリから取り寄せたシャンデリアをはじめ、イタリア人アーティストによる祭壇や壁画が見られる。博物館も必見。
▶Map P.138-B2

🏠Gen. Luna St., Cor. Real St. ☎(02)8527-2746 🕐8:00〜17:00 休月 料₱200(博物館)

アンティークの調度品が見られる

4 典型的なスペイン風邸宅
カーサ・マニラ博物館
📷 Casa Manila Museum

かつてのスペイン特権階級の暮らしぶりを見ることができる。各部屋にはアンティークの調度品がしつらえられている。カフェもあるので休憩にも便利。
▶Map P.138-B2

🏠Gen. Luna St., Intramuros ☎(02)8527-4084 🕐9:00〜18:00 休月・祝 料大人₱75、学生・子供₱50

当時を彷彿させるわかりやすい展示

5 華僑の歴史を学ぶ
菲華歴史博物館
📷（バハイ・チノイ）
Bahay Tsinoy

フィリピン華僑の歴史と生活をテーマにした博物館。9世紀頃にフィリピンにやってきた中国の商人たちの歴史が学べる。
▶Map P.138-B1

🏠Anda St., Cor. Cabildo St., Intramuros ☎(02)8527-6083 🕐10:00〜23:00 休月・祝 料大人₱100、学生・子供₱60 URLbahaytsinoy.org

独特の内装は必見

6 要塞をリノベーション！
☕ **スターバックス**
Starbucks

スタバはイントラムロス内に3軒あるが、ここは要塞の城壁をそのまま生かした造りで趣がある。

▶Map P.138-B1
🏠Magallanes Dr., Intramuros ☎(02)8527-4242 🕐6:00〜21:00(土8:00〜22:00) 休日 CardMV

1571年、スペイン統治下で建設された
▶Map P.138-A1

🏠Gen. Luna St., Intramuros ☎(02)8527-3155 🕐8:00〜23:00 休なし 料大人₱75、学生・子供₱50 visitfortsantiago.com

8 イントラムロス随一の見どころ
📷 **サンチャゴ要塞**
Fort Santiago

城塞都市のなかで最も重要な場所として機能し、第2次世界大戦中、日本軍の占領時に多くのフィリピン人が命を落とした場所でもある。要塞内にはリサール記念館があり、ホセ・リサールの遺品などが見られる。

イントラムロスのランドマーク

7 アジア最大級のパイプオルガンをもつ
📷 **マニラ大聖堂**
Manila Cathedral

第2次世界大戦で破壊されたが、1954〜1958年に再建されている。ステンドグラスと4500本ものパイプをもつオランダ製パイプオルガンが見もの。
▶Map P.138-B1

🏠Cabildo St., Cor. Beatrio, Intramuros ☎(02)8527-3093 🕐7:00〜18:00 休なし 料無料(寄付)

現在残っているのは再建されたもの

9 ガーデンのある穴場的要塞
📷 **サン・ディエゴ要塞**
Baluarte de San Diego

スペイン統治時代に築かれたが、1762年にイギリスに破壊されている。美しい庭園があって散歩に最適。
▶Map P.138-A2

🏠Sta. Lucia St., Intramuros 🕐8:00〜17:00 休なし 料大人₱75、学生・子供₱50

コミカルで楽しいダンスショー

10 伝統ダンスを楽しみながら
🍴 **バルバラス**
Barbara's

スペインの影響を受けたフォークダンス(19:15〜)を鑑賞しながら、フィリピン、スペイン料理のビュッフェディナー(₱1500)を堪能できる。
▶Map P.138-B2

🏠Plaza San Luis, Gen. Luna St., Intramuros ☎(02)8527-4083 🕐9:00〜21:00 休なし CardAJMV URLbarbaras.ph

治安の面で不安のあるキアポ地区に隣接しているので、町歩きには注意しよう

チャイナタウン（ビノンド）
Chinatown (Binondo)

知られざる食べ歩きの町

世界最古の中華街で歴史&グルメスポットを巡る

古くからある中華街ならではの歴史スポットと、隠れた中国料理の名店を巡ってみよう

AREA NAVI

✓ どんなところ？

華僑の暮らしが垣間見られる雑然とした町。あまり注目されることはなかったが、近年、歴史的に重要な町として見直され始めている。

💡 何をして楽しむ？

エスコルタ通りの歴史あるビル群や、町に点在するおいしい中華料理店を巡りながら散歩したい。

🚃 交通メモ

高架鉄道Line1カリエド駅が最寄駅。

▶ Map P.137

---

1 路地裏の隠れたグルメスポット
🍴 **ニュー・ポ・ヘン**
New Po Heng

20年以上の歴史をもつ昔ながらのルンピア（春巻き）店で、朝から多くの人が訪れ購入していく。

🏠 621 Carvajal St., Binondo, Manila ☎ (02) 7753-1891 🕐 9:00〜19:00 休 なし Card 不可

店内で手際よく作られるルンピア

2 マニラ全域に出店する中国菓子店
✉ **イン・ビー・ティン**
Eng Bee Tin

ホピア、月餅などの中国伝来のお菓子がバラエティ豊かに揃う。ポークフロスの入った中華餅ティコイTikoy（₱180〜）が人気。おみやげにも最適。

🏠 628 Ongpin St., Binondo, Manila ☎ (02) 8288-8888 🕐 6:00〜22:00 休 なし Card 不可
URL www.engbeetin.com

ホピアの品揃えも豊富

3 かつて消防士が集った店
🍴 **カフェ・メザニン**
Café Mezzanine

消防士をフィーチャーしたチャイナタウンのユニークな名店。メニューは中国料理がメインで何を頼んでもおいしい。

🏠 650 Ongpin St., Binondo, Manila ☎ (02) 8288-8888 🕐 8:00〜21:00（月〜水 9:00〜）休 なし Card 不可

昔ながらといった雰囲気の店内

---

4 フライドチキンが激ウマ
🍴 **シンセリティ**
Sincerity

「誠実さ」という店名をもつフライドチキン（ハーフ₱200、1羽₱400）で有名なレストラン。五香粉の香り漂う、揚げたてのフライドチキンは言葉にならない。ほかにも豊富なメニューが揃う。

🏠 519 Quintin Paredes, Binondo, Manila ☎ (02)8241-9991 🕐 9:00〜21:00（水・木 〜22:00）休 なし Card 不可

ラッキー・チャイナタウン（→右記）にも出店

5 チャイナタウンの人気店も出店
🛍 **ラッキー・チャイナタウン**
Lucky Chinatown

ビノンドでは最もモダンなショッピングセンター。シンセリティやイン・ビー・ティンなども出店している。

ローカルブランドのテナントも充実

🏠 293 Lachambre St., Binondo, Manila ☎ (02)7576-8139 🕐 10:00〜21:00 休 なし Card 店舗による URL megaworld-lifestylemalls.com

5 ★ ラッキー・チャイナタウン
マスキ── St.
P.33

カフェ・メザニン 3 ★
Benavidez St.

ドンベイ・ダンプリング 6 ★

2 ★ イン・ビー・ティン

8 ★ サラザール・ベーカリー

7 ★ ホランド
Onping St.
Sabino Padilla St.

Tomas Pinpin St.

1 ★

4 ★ シンセリティ

P.66
ハブ・メイク・ラボ

9 ★
Dasmariñas St.
エスコルタ通り Escolta St.
エスコルタ通り

ビノンド教会
ビノンド教会はチャイナタウンのランドマーク（→P.32）

ウオーキングツアーに参加しよう!

オールド・マニラ・ウオーク Old Manila Walks
博識なガイドの案内で、チャイナタウンのフードスポットを回る半日ツアー（所要約2時間30分）が人気。
℡0918-962-6452 圏₱1850 URLoldmanilawalks.com

6 地元感あふれる人気店
ドンベイ・ダンプリング
Dong Bei Dumpling

漢字だと東北水餃。中国東北部の水餃子や揚げ餃子などが評判で、チャイナタウンツアーでも必ず立ち寄る。

住642 Yuchengco St., Binondo, Manila ℡(02)7903-9172 圏8:30～19:00（日 ～18:00）休なし Card不可

1 店内で餃子を包む店員
2 14個も入っている水餃子は₱200

7 味わい深い素朴なホピア
ホランド
Holand

素朴でおいしいホピア（₱65）が名物。ホピアとは福建省からの移民が持ち込んだ、緑豆などのあんを包んだ饅頭。ここのホピアがいちばんという人も。

住551 Yuchengco St., Binondo, Manila ℡(02)242-9709 圏9:00～18:00 休日 Card不可

8 オンピン通りの有名店
サラザール・ベーカリー
Salazar Bakery

数あるチャイニーズベーカリーのなかでも人気の店のひとつ。1947年創業の老舗だ。ホピア、シフォンケーキなどが人気。

住783 Ongpin St., Binondo, Manila ℡(02)8733-1392 圏6:00～20:00 休なし Card不可

在住日本人も足しげく通う

9 中華街で最もホットなストリート ▶Map P.137-D2
エスコルタ通り
Escolta Street

かつてマニラのウオール街と呼ばれたエスコルタ通り。貴重な歴史的建造物が残され、博物館もいくつか営業している。また、アーティストが集まるギャラリーもあり、マニラのアートシーンでも注目されている。

パーク・ビルディングの壁のグラフィティ

時代を感じる戦前のミスコンの写真

ギャラリーや博物館の入っているファースト・ユナイテッド・ビルディング。アーティストの手作りショップ、ハブ・メイク・ラボ（→P.66）もこのビルの中

マカティの代替地として急速に発展

"グローバル"な町でマニラの最新スポットをチェック!

安全&快適に歩けるモダンな町で
マニラの新たな一面をのぞいてみよう

AREA GUIDE 04

ボニファシオ・グローバル・シティ(BGC)
Bonifacio Global City(BGC)

AREA NAVI

☑ **どんなところ?**

通称BGCと呼ばれる、マカティの東に広がる計画的に造られた新興都市。オフィスビル、高級コンドミニアムやモールがあり、駐在員も多い。

💡 **何をして楽しむ?**

ハイストリート、セレンドラ、マーケット!マーケット!(→P.34)以外にも人気グルメ&ショッピングスポットが点在している。

🚃 **交通メモ**

高架鉄道Line3アヤラ駅そばのEDSAアヤラターミナルから頻繁にバスが運行されている。所要20〜30分、₱13。

▶ Map P.137

---

1 スタイリッシュなコーヒー店
ハーラン+ホルデン・コーヒー
Harlan + Holden Coffee

▶ Map P.137-D1

🏠 One Bonifacio High Street, 5th Ave. Cor. 28th St, BGC, Taguig ☎ 0956-513-8877 🕐7:00〜22:00 休なし

通称はBecause Coffee。シックなデザインで人気の服飾ブランドが運営するカフェだけに、とびっきりオシャレ。現金払い不可。

シンプルで開放的なインテリア

2 子供と訪れたい
マインド・ミュージアム
Mind Museum

「BGCにアートと科学を」というコンセプトでNPO法人が運営する体験型科学博物館。地球、生命、宇宙などの分野に分かれている。

▶ Map P.137-D1

🏠 JY Campos Park, 3rd Ave., BGC, Taguig ☎ (02)7796-0189 🕐9:00〜18:00 休月 🎫 大人₱625、子供₱475、1日パス₱750 Card MV URL www.themindmuseum.org

入場は3時間ごとに区切られている

3 ソーダファウンテンを現代によみがえらせた
ファーマシー
Farmacy

薬局でアイスクリームやソーダを売るというアメリカの文化をテーマにしたアイスクリーム店。おしゃれで独特の内装が楽しく、アイスもバラエティ豊か。シングル₱175、ダブル₱270、ソーダ₱180〜。

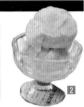

1 薬瓶などちょっとした小物も置いてある 2 自家製のマンゴーシャーベット

▶ Map P.137-D1

🏠 26th St. & 4th Ave., Taguig ☎ 0917-634-0803 🕐8:00〜20:45 休なし Card ADJMV

4 洋食中心の創作料理
バーントゥ・ビーン
Burnt Bean

食事はもちろん飲み物やデザートまでメニューが豊富。人気は炭焼きグリル。落ち着いた雰囲気の店内でゆったりと食事ができる。

▶ Map P.137-D1

🏠 C2 Bldg., Bonifacio High Street Central, Taguig ☎ 0966-532-5398 🕐11:00〜22:00 休なし Card AJMV

お酒の種類も豊富。人気店なので予約したほうがいい

1日30食限定のポテト・ベイプ

ブルゴス・サークル
マインド・
ミュージアム ▶P.88
ジョージ・アンド・オニーズ ▶P.15
シャングリ・ラ ザ フォート マニラ
ジャンバ・ジュース ▶P.34
2
ハーラン＋
ホルデン・
コーヒー
1
ユニクロ
30th St.
ラ・ピカラ ▶P.55
4
32th St.
28th St.
ボニファシオ・ハイストリート
ザ・スパ ▶P.34、41
ストレート・アップ ▶P.39
セダ・ホテル ▶P.89
Macdonald
ファーマシー
バーントゥ・
ビーン
3
ペドロ ▶P.34
パッチ ▶P.34
マーケット！
マーケット！ ▶P.35
ワイルドフラワー・
カフェ ▶P.57
セレンドラ
ラス・フローレス ▶P.54
フリー・ブックト ▶P.35
アベ ▶P.52
26th St.
ヴェニス・
グランド
キャナル・
モール
7 SMアウラ・プレミア
McKinley Pkwy.
アメリカ記念墓地 6
5

0　　　　200m

5 ヴェネチアの町を再現
ヴェニス・グランド・カナル・モール ▶Map P.135-D2
Venice Grand Canal Mall

運河とゴンドラで有名なヴェネチアの町を模したショッピングモール。敷地内のゴンドラはひとり₱500。運河の周りはカフェやレストランが並び、運河を見ながら食事も楽しめる。

🏠Upper McKinley Rd, Taguig City ☎(02)8462-8888 🕐11:00～22:00(金～日10:00～23:00) 🔗megaworld-lifestylemalls.com

1 漕ぎ手の衣装も本格的 2 運河を囲むように配置されたモール

6 アメリカ軍人が眠る
アメリカ記念墓地
American Cemetery

第2次世界大戦中、フィリピンで戦死した1万7000人以上のアメリカ軍人が眠っている。中央には記念塔が立ち、太平洋での戦闘の経緯を表す図も描かれている。

▶Map P.135-D2

🏠McKinley Pkwy., BGC, Taguig ☎(02)8844-0212 🕐9:00～17:00 🔗なし 無料 🔗www.abmc.gov/Manila

戦跡ツアーにも含まれる定番デスティネーション

7 曲線の美しい建築が目印
SMアウラ・プレミア
SM Aura Premier

マーケット！マーケット！の南西に立つ大型ショッピングセンター。SM系列のなかでも高級感があり、レストラン、ショップとも人気の店が揃っている。

▶Map P.137-D1

🏠26th St. Cor. McKinley Pkwy., Taguig ☎(02)8815-2872 🕐10:00～22:00(店舗により異なる) 🔗なし 店舗により異なる 🔗www.sm-aura.com

店内は明るく清潔感がある

Column
ウオールアート巡りも楽しい！

BGCは"アートの町"をうたっており、外壁に巨大なアート作品が描かれているビルが点在している。これらを探しながら散歩するのも楽しい。

マニラへ

③イログ・マリア・
ハニー・ビー・ファーム

タガイタイ・ピクニック・
グローブからタール湖を
見下ろす

オリバレス・プラザ
（バス発着地）

0　2km

タガイタイ①

①ソニアス・
ガーデン

タガイタイ・
ピクニック・グローブ

⑤カレルエガ教会

タール湖

タール火山

マニラからのショートトリップはほかにもいろいろある。詳しくは→P.90

1 ビューポイントの代表格
タガイタイ・ピクニック・グローブ Tagaytay Picnic Grove

タール湖を望むビューポイントは
多数あるが、こちらは最もポピュ
ラーな場所のひとつ。ピクニック
用のテーブルなどがある。

🏠 Brgy. Sungay, East End 🕐7:00～
20:00 休なし 料P50（テーブルレンタル
P150～300）

ACCESS

高架鉄道Line 1のヒル・プヤット
駅近くのバスターミナル、あるい
はPITX（→P.130）からDLTB社など
のバタンガスやナスブNasugbu、
メンデスMendez行きのバスに
乗る。所要約2～3時間。

"フィリピンの軽井沢"
世界いち小さな活火山がある
高原の避暑地へ

タガイタイは標高700mの高地にある緑豊かなエリア。
タール湖を見下ろす高台に、しゃれたレストランやカフェが点在し、
ただゆったりしているだけでも気持ちいい。

2 世界いち小さな活火山　これがタール火山
タール火山 Taal Volcano

高さ311mの世界でいちばん小さな活火山。
湖畔の町タリサイTalisayから島まで渡れるが、
時々噴火するので情報収集を怠らずに。

5 緑に囲まれた癒やしの空間
カレルエガ教会 Caleruega Church

花々の咲き誇る丘の上にたたずむス
ペイン風の教会。フィリピン人の間で
は憧れの結婚式場としても有名で、週
末になると花嫁の姿を目にする。

🏠 Brgy. Kaylaway, Batulao, Nasugbu, Batangas
📞0921-270-9890 🕐6:00～17:30 休なし 料P30

3 評判のミツバチコスメ
イログ・マリア・ハニー・ビー・ファーム Ilog Maria Honey Bee Farm

ハチミツやプロポリスで作ったコ
スメが評判の養蜂場。マニラ在
住の日本人も足しげく訪れる。

🏠 Km. 47, Aguinaldo Highway,
Lalaan 1, Silang, Cavite 📞0917-
503-9156 🕐8:00～17:00 Card不可
URL www.ilogmaria.com

1 ローズマリーとハニーの
石鹸　2 ロイヤルゼリー
配合のフェイシャルオイル
3 ハニーミルクのモイス
チャライザー　4 グループ
向けファームツアーもある

4 花々が咲き乱れる秘密の花園
ソニアス・ガーデン Sonya's Garden

木々や花々に囲
まれた、まるでエ
デンの園のような
場所。敷地内に
レストランのほ
か、スパやショップ
もあり、さらにゲス
トルームに宿泊
することもできる。

🏠 Brgy. Buck Estate,
Alfonso, Cavite
📞0917-703-3442
🕐11:00～19:00（レスト
ラン）休なし Card AMV
URL sonyasgarden.com

1 オーガニック野菜を食べ放題のビュッフェ（P1065）
が評判　2 園内は散歩するだけでも楽しい

おすすめご当地フード！

タガイタイはおいしいご当地
フードの宝庫。お菓子で有名
なのがブコパイ。ブコとはココ
ナッツのことで、果肉がたっぷ
り入っていてたいへん美味。
ほかに、牛の骨をじっくり煮込
んだスープのブラロや、ター
ル湖で取れる珍しい魚タウィ
リスやマリプトも試したい。

ブコパイ

ブラロ

宿泊してのんびり過ごしたい
ヴィラ・エスクデロ・プランテーション&リゾート
Villa Escudero Plantation & Resort

広大な敷地の一部を一般公開しているコ
コナッツ農園。最大の楽しみは何といって
も滝つぼでのランチ。清流に設けられた
テーブルで、足を水に浸しながらフィリピン
の伝統料理が味わえる。週末には、伝統
衣装を身に着けたダンサーたちの民族ダ
ンスショーを鑑賞することも。

住 Km 91, Tiaong, Quezon 電 (02)8521-0830
料 日帰り名 P1800 宿泊 P1万400〜 Card AMV
室 30 URL villaescudero.com 交 高架鉄道 Line 1
のヒル・プヤット駅近くのターミナルからLucena行
きのバスで途中下車

ランチも
楽しみ！

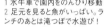

1 水牛車で園内をのんびり移動
2 足元を見ると魚がいっぱい。ラ
ンチのあとは滝つぼで水遊び！

自然に囲まれた人気デスティネーション
人気ココナッツ農園でフィリピンならではの文化体験

SHORT TRIP 02
サン・パブロ
San Pablo ▶ Map P.5

SHORT TRIP 03
アンティポロ
Antipolo ▶ Map P.5

マニラ北東のリザール州
ギリシア風建物と緑の庭園内のギャラリーでアートを満喫

コンテンポラリーアートの作品が充実
ピント美術館
Pinto Museum

1万2000平方メートルの緑あふれる庭園内に、ギリシア風の白亜
の建物が点在。体育館のような大きな建物などにある7つのギャラ
リーに、美術愛好家のジョーベン・クアナンの現代美術を中心とし
た個人コレクションが展示されている。

住 1 Sierra Madre St., Grand
Heights Rd., Antipolo, Rizal
電 (02) 8697-1015 開 10:00〜
18:00 休 月 料 P250 URL www.
pintoart.org

1 撮影スポットとして人気　2 先住民の工芸を展示したギャラリー　3 びっく
りするような大きな展示スペース　4 サリンプサ・グループの作品『Karnabal』

マニラのおすすめホテル

メトロ・マニラには格安から高級まで幅広く揃う。
編集部おすすめのホテルをピックアップ！

ザ・マニラ・ホテル
The Manila Hotel

世界各国のVIPを迎えてきた老舗ホテル。ゴージャスかつクラシカルな雰囲気が漂う。

▶ Map P.138-A2 ● イントラムロス

🏠 1 Rizal Park, Roxas Blvd., Manila 📞 (02) 8527-0011 💰 ₱7500～ URL manila-hotel.com.ph

シャングリ・ラ ザ・フォート マニラ
Shangri-La the Fort Manila

治安のいいBGCのハイストリートの西の端にある高級ホテル。ジム、スポーツ施設も充実。

▶ Map P.137-D1 ● BGC

🏠 30th St. Cor. 5th Ave. BGC, Taguig 📞 (02)8820-0888 💰 ₱1万500～ URL www.shangri-la.com

コンラッド・マニラ
Conrad Manila

モール・オブ・アジアからすぐ。フロントは4階。ロビーからのマニラ湾の眺めがすばらしい。

▶ Map P.134-A2 ● ベイエリア

🏠 Seaside Blvd., Pasay 📞 (02)8833-9999 💰 ₱1万1000～ URL www.conradmanila.com

ラッフルズ・マカティ＆フェアモント・マカティ
Raffles Makati & Fairmont Makati

同じ建物に2つのホテルが入っている。どちらでも、快適で優雅な滞在を楽しめる。

▶ Map P.136-B3 ● マカティ

🏠 1 Raffles Dr., Makati Ave., Makati 📞 (02)7795-0777 💰 ₱1万6000～ URL www.raffles.com/makati

ホテル オークラ マニラ
Hotel Okura Manila

2022年開業の日系ホテル。和のコンセプトで檜風呂のある部屋も。和食レストランも充実。

▶ Map P.135-C3 ● 空港近く

🏠 Newport World Resorts, Pasay 📞 (02)5318-2888 💰 ₱1万3000～ URL www.hotelokuramanila.com

ザ・ペニンシュラ・マニラ
The Peninsula Manila

1976年開業の香港発祥の老舗ホテル。大改装を終えて再開した。格式あるロビーが魅力。

▶ Map P.136-B2 ● マカティ

🏠 1226 Makati Ave., Makati 📞 (02) 8887-2888 💰 ₱8640～ URL peninsula.com/manila

シェラトン・マニラ・ベイ
Sheraton Manila Bay

エルミタの繁華街にある高級ホテル。イントラムロスやベイエリアの観光拠点におすすめ。

▶ Map P.139-C2 ● マラテ

🏠 M. Adriatico Cor. Gen. Malvar St., Malate 📞 (02)5318-0788 💰 ₱1万～ URL www.marriott.com

デュシタニ・マニラ
Dusit Thani Manila

行き届いたサービスに定評のあるタイ発のホテル。立地がよく、日本人の利用も多い。

▶ Map P.136-B3 ● マカティ

🏠 A. Arnaiz Ave. Cor. EDSA Makati 📞 (02) 7238-8888 💰 ₱8200～ URL www.dusit.com

マカティ シャングリ ラ マニラ
Makati Shangri-La, Manila

2023年、コロナ禍で2年の休業を経て再オープンにこぎつけたマカティ随一の大型ホテル。

▶ Map P.136-B3 ● マカティ

🏠 Ayala Ave., Cor. Makati Ave., Makati 📞 (02) 8813-8888 💰 ₱1万1000～ URL www.shangri-la.com

ソフィテル・フィリピン・プラザ・マニラ
Sofitel Philippine Plaza Manila

きれいなプールと開放感あふれるロビーはトロピカルムード満点。テニスコートも完備。

▶ Map P.134-A2 ● ベイエリア

🏠 CCP Complex, Roxas Blvd., Pasay 📞 (02) 8573-5555 💰 ₱6750～ URL www.sofitel.com

ダイヤモンド・ホテル・フィリピン
Diamond Hotel Philippines

ロハス通り沿いに位置し、スカイラウンジからはマニラ湾沿いを見渡せる。

▶ Map P.139-C2 ● マラテ

🏠 Roxas Blvd., Cor. Dr. J. Quintos St., Malate 📞 (02) 8528-3000 💰 ₱8600～ URL www.diamondhotel.com

ホリデイ・イン・エクスプレス・マニラ・ニューポート・シティ IHG ホテル
Holiday Inn Express Manila Newport City, an IHG Hotel

別名IHGホテル。空港第3ターミナルから近いカジュアルなホテル。空港利用の前後泊に。

▶ Map P.135-C3 ● 空港近く

🏠 1: Jasmine Dr., Pasay 📞 (02) 7908-8600 💰 ₱3300～ URL www.ihg.com/holidayinnexpress

グランド・ハイアット・マニラ
Grand Hyatt Manila

おしゃれなBGCに位置する。レストランも充実。ルーフトップバーから眺める夜景がいい。

▶ Map P.137-D1 ● BGC

🏠 8th Ave., Cor. 35th St., Taguig 📞 (02) 8838-1234 💰 ₱1万4500～ URL www.hyatt.com

マルコポーロ・オルティガス・マニラ
Marcopolo Ortigas, Manila

45階建ての高層ビルで、ロビーやバー、客室からマニラの市街を一望できる。

▶ Map P.133-D3 ● オルティガス・センター

🏠 Meralco Ave. & Sapphire St. 📞 (02) 7720-7777 💰 ₱5300～ URL www.marcopolohotels.com

ザ・ベイリーフ
The Bayleaf

イントラムロス内にある。屋上のバーからの眺めは最高で、レストランも評判がいい。

▶ Map P.138-B2 ● イントラムロス

🏠 Muralla Cor. Victoria St., Intramuros, Manila 📞 (02) 5318-5000 💰 ₱4640～ URL www.thebayleaf.com.ph

ホテルの予約方法

ホテルのホームページ、あるいはホテル予約サイトで可能。フィッシング詐欺も横行しているので十分気をつけて。

ホテル予約サイト

● アゴダ
URL www.agoda.com
● ブッキング・ドットコム
URL www.booking.com
● ホテルズ・ドットコム
URL hotels.com
● エクスペディア
URL www.expedia.co.jp

ベルモント・ホテル・マニラ
Belmont Hotel Manila

空港ターミナル3から歩道橋を渡った所にある。プールやバーもあってリラックスできる。

▶ Map P.135-C3 ● 空港近く

住 Newport Blvd., Newport City, Pasay TEL (02) 5318-8888 料 ₱4800〜 URL www.belmonthotelmanila.com

---

セダ・ホテル
Seda Hotel

全国で店舗数拡大中のセダ・ホテル・グループ。ここBGCのホテルもコスパがいいと評判だ。

▶ Map P.137-D1 ● BGC

住 30th St. Cor. 11th Ave., BGC, Taguig TEL (02) 7945-8888 料 ₱9300〜 URL www.sedahotels.com

---

ピカソ・ブティック・サービス・レジデンス
Picasso Boutique Serviced Residences

アートなインテリアが魅力。周辺におしゃれなカフェなどが多くて、女子旅にもおすすめ。

▶ Map P.136-B2 ● マカティ

住 119 L.P. Leviste St., Salcedo Village, Makati TEL (02) 8828-4774 料 ₱4700〜 URL www.picassomakati.com

---

ホップイン・ホテル・アセアナ・シティ
Hop Inn Hotel Aseana City

マニラ首都圏に6軒あるタイ発のシンプルで快適な格安ホテル。MOAも徒歩圏内。

▶ Map P.134-B2 ● ベイエリア

住 North Abueva St., Aseana City, Parañaque TEL (02) 8842-6850 料 ₱1900〜 URL www.hopinnhotel.com/

アメリ・ホテル・マニラ
Amelie Hotel Manila

マラテ地区にあるブティックホテル。客室は洗練された雰囲気で、プールやジムもある。

▶ Map P.139-D2 ● マラテ

住 1667 Bocobo St., Malate TEL (02) 8875-7888 料 ₱3300〜 URL www.ameliehotelmanila.com

---

KLサービス・レジデンス
KL Serviced Residences

日本人ビジネスパーソンもよく利用している設備の整った宿泊施設。プールやジムもある。

▶ Map P.136-A3 ● マカティ

住 117 Gamboa St., Legazpi Village, Makati TEL (02) 8845-0084 料 ₱3200〜 URL kltower.ph

---

ネットワールド・ホテル
Networld Hotel

日本人経営のホテルなので、言葉の心配は不要。スパ、カジノなど充実の施設を誇る。

▶ Map P.134-B2 ● パサイ

住 Roxas Blvd., Cor. Sen. Gil Puyat Ave., Pasay TEL (02) 8536-7777 料 ₱3100〜 URL jjpang-group.com/networld-hotel

---

Zホステル
Z Hostel

モダンで清潔なホステル。ドミトリーが₱1250〜とバックパッカーにはうれしい限り。

▶ Map P.137-C1 ● マカティ

住 5660 Don Pedro St., Makati TEL (02) 8856-0851 料 ₱2500〜 URL zhostel.com

---

レッド・プラネット・マニラ・マラテ・マビニ
Red Planet Manila Malate Mabini

マニラに10軒あるレッド・プラネット。治安に不安があるエルミタでの滞在の強い味方だ。

▶ Map P.139-C3 ● マラテ

住 1740 A. Mabini St., Malate TEL (02) 8708-9888 料 ₱1796〜 URL www.redplanethotels.com/hotels

---

ホテル101
Hotel 101

モール・オブ・アジアからすぐの中級大型ホテル。シンプルだが清潔でビジネス滞在にも。

▶ Map P.134-B2 ● ベイエリア

住 EDSA Extension, Mall of Asia Complex, Pasay TEL (02) 8553-1111 料 ₱3000〜 URL www.hotel101manila.com.ph

---

ペンション・ナティビダッド
Pension Natividad

マラテの老舗ホステル。建物は古いが、敷地内は緑が多く静か。格安旅行者におすすめ。

▶ Map P.139-C2 ● マラテ

住 1690 Del Pilar St, Malate TEL (02) 8521-0524 料 ₱1200〜 URL フェイスブックのみ

カバヤン・ホテル
Kabayan Hotel

高架鉄道の駅やバスターミナルから近く便利。ドミトリーから家族向けの大きな部屋まである。

▶ Map P.134-B2 ● パサイ

住 423 EDSA, Pasay TEL (02) 8702-2700 料 ₱1500〜 URL www.kabayanhotel.com.ph

---

マラテ・ペンション
Malate Pensionne

歓楽街の中心で営業を続けている歴史的バックパッカー宿。歴史を感じさせる調度も魅力。

▶ Map P.139-C3 ● マラテ

住 1771 M. Adriatico St., Malate TEL (02) 8523-8304 料 ₱1000〜 URL www.malatepensionne.com

---

ラブディ・マカティ
Lub d Makati

シンプルでスタイリッシュな若者向けのホステル。ドミトリーは₱700〜。繁華街に近い。

▶ Map P.137-C1 ● マカティ

住 7820 Makati Ave., Makati TEL (02) 8541-6358 料 ₱1500〜 URL lubd.com

---

ザ・ウイングス・トランジット・ラウンジ
The Wings Transit Lounge

ターミナル3の4階にある仮眠のためのトランジット施設。カプセルタイプと個室がある。

▶ Map P.135-C3 ● ニノイ・アキノ国際空港

住 NAIA Terminal 3, 4th Level, Pasay TEL (02) 8886-9464 料 ₱1500〜

まだまだある！ マニラからのショートトリップ

マニラの喧騒から抜け出して自然いっぱいの見どころへ出かけよう

近郊へのショートトリップは現地旅行会社のパッケージツアーが便利

太平洋戦争の激戦地

コレヒドール島 Corregidor Is.

マニラ湾の入口という戦略的に重要な場所に位置し、1942年には日本軍が侵攻。マッカーサーは防衛戦を展開するも降伏。「I shall return（私は必ず帰る）」と言い残してオーストラリアへ退却した。わずか5平方キロメートルの小島だが、当時の砲台や兵舎跡が残され、トラム（ミニバス）でそれらを巡るツアーで訪れることができる。

コレヒドール島行きのフェリー

●マニラ
コレヒドール島 ★
パグサンハン ★

Information

マニラからはコレヒドール財団が主催している日帰りツアーに参加する。昼食付きで₱4500。モール・オブ・アジア（MOA）に近いエスプラネード・シーサイド・ターミナルから出発。島内はオープンエアのトラム（ミニバス）で巡る。2024年2月現在、毎週日曜のみ催行。要予約。

コレヒドール財団 Corregidor Foundation Inc.
Ⓔ Rm. 10, Bay Terminal, CCP Complex, Roxas Blvd., Malate Ⓣ 0977-643-4819 Ⓤ corregidorisland.com.ph

1 マッカーサーの銅像 2 マニラ湾を守っていた砲台が残る 3 切り立った崖が印象的なコレヒドール島 4 多くの日本兵が亡くなったといわれるマリンタ・トンネル

爽快な急流下りに挑戦！

パグサンハン Pagsanjan

豊かな自然に囲まれたパグサンハン川。小さなボートで急流をダイナミックに下る様子は、野性味に富み迫力も満点だ。マニラから日帰りで行くことができる。パグサンハンの町から出発し、終点のパグサンハン滝までは1時間30分程度のボートでのツアーとなる。

1冒険の旅に出発。かなりぬれるので、着替えやカメラの防水用具も忘れずに 2竹のいかだで滝の下へ！

Information

高架鉄道Line 1のヒル・プヤット駅近く、ブエンディア通り沿いのバス乗り場（▶Map P.134-B1-2）からサンタ・クルス行きのバスが頻発。所要約3時間、₱150程度。サンタクルスからパグサンハンまでは、ジプニーで所要約20分、₱15。ツアーの申し込みはホテルで。入場料、ボートマンへの報酬込みで₱1550〜2500で手配してくれる。

POPULAR RESORT ISLAND
CEBU

Luxury Resort, Bohol Island, Whale Shark Watching,
Island Hopping, Restaurant, Spa & Massage, etc.

ようこそ！人気リゾート セブへ

自然を満喫するさまざまなアクティビティに、
スパやグルメ、いたれり尽くせりのリゾートライフなど、
楽しいことが盛りだくさんの人気リゾート地！

ビーチはきれい？ サービスは大丈夫？

極上トロピカルリゾート選び方ガイド

ホテルのデータは
▶P.114, 115

How to Choose Resort Hotel

マクタン島
セブが初めてなら
マクタン島が安心！

ビーチリゾート滞在で重要なのがホテル選び
旅のスタイルに合ったすてきなリゾートを選ぼう！

カップルでも家族連れでも！
充実の施設を誇る大型リゾート

初めてのセブなら設備が整い、日本人への応対に慣れた大型リゾートがおすすめ。日本語スタッフの存在や、日本語のメニューなどの心配りは頼もしい限り。

マクタン島で最も高級
1 シャングリ・ラ マクタン セブ

$$$$$ 日本語スタッフ

最高級のホテルだけあってサービスにすきはなし。カップルでも家族でも楽しめる。日本人スタッフも常駐で、英語が苦手でも問題なしだ。

ウオーターパークが圧巻
2 Jパーク・アイランドリゾート＆ウオーターパーク・セブ

$$$$$ 日本語スタッフ

リゾート内にウオーターパークがあり、子供も大人も楽しめる。中国、日本料理など、おいしい本格レストランが揃うのも魅力。

ゆったりと南国気分
3 プランテーション・ベイ・リゾート＆スパ

$$$$$ 日本語スタッフ

リゾート感で選ぶならこちらがおすすめ。自然の豊かさと巨大なラグーンが魅力で、コロニアル風のおしゃれな建築も◎。

2022年オープンの大人のリゾート
4 シェラトン・セブ・マクタン・リゾート

$$$$$ 日本語スタッフ

島の北東端にオープンした新しいリゾート。白砂のプライベートビーチと海に続く開放感あふれるプールが魅力。キッズルームもある。

セブ本島
人とは違う旅がしたい人におすすめ！

喧騒を逃れてのんびり 大自然に囲まれた隠れ家リゾート

「ありきたりのリゾートステイは嫌！ 自分だけの特別な休日を過ごしたい」という人は、アクセスにやや時間がかかるが、セブ本島と離島にある隠れ家リゾートへ。

隠れ家リゾートといえばココ
プルクラ・リゾート

$$$$$ 日本語スタッフ

セブ・シティから約1時間。大自然に囲まれたトロピカルガーデンで優雅な滞在を約束してくれる、まさに隠れ家リゾート。

ナチュラル派におすすめ
バディアン・アイランド・ウェルネス・リゾート

$$$$$

セブ島西海岸沖の小さな島にあり、セブ・シティから約3時間。穏やかな時が流れる島。

アジアンテイストのリゾート
個性派リゾートでゆったり

プライベート感を大切にしたいという人には、ヴィラタイプの客室をもつリゾートがおすすめ。アジアンテイストが味わえるリゾートも続々登場し、ひと味違った滞在を楽しめる。

テーマはネオアジア
5 クリムゾン・リゾート＆スパ・マクタン
$$$$ 日本語スタッフ

客室タイプもあるが、広々としたヴィラタイプが人気。ビーチはやや狭いが、プールが大きいのであまり気にならない。

1棟貸しでプライバシー万全
6 キューブ・ナイン・リゾート＆スパ
$$$

プライベートプール付きのヴィラがあるブティックホテル。家族やグループ旅行にいい。食事は韓国料理が充実。

アジアンテイストの料理も魅力
7 ザ・リーフ・アイランド・リゾート
$$$$$

2022年オープンのスタイリッシュで開放的な雰囲気のおしゃれなホテル。アジアンテイストのインテリアが大人っぽい。レストランのアジア料理もおいしい。

バーのお酒のラインアップも充実

お手頃価格で泊まれるリゾート
リーズナブルに過ごしたい！

マクタン島には2万円以下でも十分バカンス気分を満喫できるリゾートが点在。ホテルライフよりもアクティビティを重視したいという人にはおすすめだ。

8 パシフィック・セブ・リゾート
$$$ 日本語スタッフ

ダイビングリゾートなので、ダイバーにおすすめ。日本人スタッフも常駐。

9 ビー・リゾート・マクタン
$$$

おしゃれなパステルカラーがモダンで、ビーチがきれいなのもポイントが高い。

10 セブ・ホワイト・サンズ・リゾート＆スパ
$$$

日本人経営の旅行会社やダイブショップが入っていてとても便利。

セブ島

マクタン島

セブ・シティ
セブ・シティはシティホテルが充実

← プルクラ・リゾート、バディアン・アイランド・ウェルネス・リゾートへ

セブ島各地にはほかにもビーチリゾートが点在

マクタン島の東〜南東海岸にビーチリゾートが並ぶ

N
0 2km

④
⑨
①
⑤ ⑦
⑩
⑥ ②
⑧ ③

シーズナリティ \Check!!/

晴天が多く海が穏やかな1〜5月（乾季）がハイシーズンとなり、6〜11月（雨季）がローシーズン。ハイシーズンには、客室料金がローシーズンの2倍以上に上るところも。雨季に関しては、断続的なスコールが降る程度なので、雨を気にしなければお得に旅行ができる。

人気リゾート、シャングリ・ラでの1日をのぞいてみよう！

 09:00

ビュッフェの朝食

ゆっくり起きたら、さっそくビュッフェの朝食へ。バリエーション豊かで何から食べていいか迷ってしまうほど。

インターナショナルな料理が並ぶ

11:00

ビーチでゆったり

好きな本を片手にビーチへ。あまりの気持ちよさにうとうと。のどが渇いたので、トロピカルジュースをオーダー。

きちんと整備されているのでビーチはきれい

**12:00**

ランチ in アクア

オーシャン・ウイングにあるプールサイドのイタリアンレストランで優雅にランチ。絶品ピザに舌鼓。

落ち着いた雰囲気の店内

リゾートの全景

リゾートでの1日ってどんな感じ？

憧れの高級ホテルで過ごす休日

A Day in the Luxury Resort

ようこそセブへ！

フィリピンなら5つ星ホテルでも比較的リーズナブル
憧れの高級リゾートに宿泊して、すてきなリゾートライフを！

憧れの高級ホテルで過ごす休日

14:00

CHIスパで極上のトリートメント

国際的にも評価の高い人気スパで疲れた体を癒やす。せっかくなのでフィリピンならではのヒロットを体験。

カップルでのリラックスタイム

17:00

クラブラウンジでリラックス

オーシャン・ウイングの部屋に宿泊の場合、17:00〜はラウンジでワインなどが無料で楽しめる。

ワンクラス上の高級感が感じられるクラブラウンジ

18:00

トワイライトプール

最後にもうひと泳ぎ。日頃の憂さを忘れて、沈みゆく夕日をうっとりと眺める。

プールも広くて気持ちがいい

19:00

ビュッフェディナー

日替わりでビュッフェディナーが味わえるのもシャングリ・ラならではの魅力。スタッフがその場で料理してくれるおいしい料理を楽しむ。

1 満天の星の下で充実のビュッフェディナーを
2 伝統ダンスショーも見逃せない!

ここが違う!

シャングリ・ラ マクタン リゾート&スパの魅力

●日本人への細かい気配り
日本人スタッフが常駐で、施設案内やアクティビティのメニューも日本語版があるなど、きめ細かいサービスがうれしい。

●子供も退屈知らず
ベビーシッターやキッズクラブ、クリニックなど、子供連れも安心して滞在できる施設が満載。子供向けのイベントも充実している。

●一流の施設が揃う
CHIスパ、コウリー・コーブ、ティー・オブ・スプリングなど、外部のゲストも訪れる人気の施設が多い。

客室はこんな感じ

ホテルのビーチの全景。さまざまなアクティビティも楽しめる

セブの隣に浮かぶネイチャーアイランド

ボホール島は
1日ツアーが正解！

Bohol Island 1 Day Tour

セブとは違った個性的な見どころがいっぱいのボホール島は、1日パッケージツアーで気軽に楽しむことができる

海も山も川も歴史も体験できるボホール島には、泊まりがけで滞在するのもいい

6:00 セブ港 ⋯⋯▶ **8:00** タグビララン港

9:00 奇観！チョコレート・ヒルズ

ボホール島観光のハイライト、チョコレート・ヒルズ。そのほとんどは珊瑚礁によってできた石灰岩からなる。

アドベンチャー・パークでのジップライン

チョコレート・ヒルズ展望台
Chocolate Hills Viewing Deck
住Carmen 開6:00〜18:00 休なし 料P100

チョコレート・ヒルズ・アドベンチャー・パーク
Chocolate Hills Adventure Park
住Carmen 0946-341-4796
8:30〜17:30 休なし 料P80

乾季には草木が茶色くなりチョコレート色に染まる

10:30 バクラヨン教会

1595年建造のフィリピンで最も古い教会のひとつ。2013年の地震被害の修復工事は2018年に終了。2階には博物館がある。

バクラヨン教会 *Baclayon Church*
住Baclayon 開月・水〜日 13:30〜16:30 休火 料P150(博物館)

教会へ入ると神聖な雰囲気に包まれる

11:00 血盟記念碑

1565年、スペインの初代総督レガスピと酋長シカツナが互いの腕をナイフで切り合ってワインに血を注ぎ、これを飲むことで両国の友好を誓い合った。

血盟記念碑 *Blood Compact Marker*
住Bool 開24時間 休なし 料無料

フィリピンの歴史について学ぼう！

チョコレート・ヒルズの伝説

この不思議な山々にはふたつの伝説がある。ひとつは、昔ふたりの巨人が石を投げ合ってけんかをしていたが、最後には仲直りをして島を出た。この山々はあとに残された石だというもの。もうひとつは、島の青年アロゴがすでに死期の近い女性アロヤに恋をする。やがて彼女は死んでしまい、悲しみに暮れるアロゴのほおをこぼれ落ちた無数の涙が山になったというものだ。

1日ツアースケジュール例

6:00 セブ港（セブ・シティ）発	12:00 ロボック・リバー・クルーズ（ランチ）
8:00 タグビララン港着	14:30 ターシャ保護区
9:00 チョコレート・ヒルズ	16:00 タグビララン港発
10:30 バクラヨン教会	18:00 セブ港着
11:00 血盟記念碑	

ツアー情報

所要時間：約12時間　**予算**：1人₱8000程度
旅行会社のツアーに参加するのが一般的。申し込みはホテルのツアーデスクか旅行会社まで。ホテルから送迎付きのツアーが多い。

セブ・シティへ
ボホール島
ロボック・リバー・クルーズ
ボート乗り場
チョコレート・ヒルズ展望台
アドベンチャー・パーク
タグビララン
ターシャ保護区
血盟記念碑
バクラヨン教会

ボホール島は1日ツアーが正解！

12:00 ロボック・リバー・クルーズ（ランチ）

ランチ付きの川下りでのんびりと自然を満喫しよう。おいしいフィリピン料理を食べたら、子供たちのダンスショー！

ロボック・リバー・クルーズ
Loboc River Cruises 乗り場近くにチケット売り場がある。所要約1時間。料金は₱850-1000。

1 ヤシの木茂るジャングルに囲まれたロボック川 2 現地の子供たちによるダンスショー 3 船にはビュッフェコーナーがあり、自由にランチを取ることができる

14:30 世界最小のメガネザル、ターシャに出合う

ボホール島にはターシャの保護施設がいくつかあり、放し飼いにされているターシャを見学することができる。

ターシャ保護区 *Tasier Conservation Area*
住Villa Aurora Bilar 電0927-641-2063 時8:00～17:00 休なし 料₱120

ターシャは極めて繊細な動物。ストレスがたまると死んでしまうこともあるといわれている

16:00 タグビララン港　　18:00 セブ港

絶景！

展望台から見るチョコレート・ヒルズの山々

世界で一番大きな魚

ジンベエザメと泳ぎたい!

Swim with Whale Shark !

世界でも珍しい遭遇率99%の人気スポットで
ジンベエザメと一緒に泳いでみよう!

横幅1〜1.5mもの大きな口。中には爪楊枝くらいの小さな歯が上下で5000本ほど並んでいるが、ほとんど退化していて食事には使わない

扁平な形が特徴的な頭部。口の両端に小さな目がある

頭部・胸部・尾びれに格子状の模様はなく、薄い黄色の斑点でまばらに覆われている

体の表面は濃い灰青色で、胴体は白い格子の中に薄い黄色の斑点が並んでいる

巨大な尾びれを左右に動かし前進。泳ぐスピードは時速5kmと遅い

1日ツアースケジュール例

3:00	リゾート発、車移動
6:00	オスロブ着(土日には4時間の順番待ちになることも)
9:00	ジンベエザメと泳ぐ
12:00	スミロン島でスノーケリング&ランチ
13:00	オスロブ発
17:00	リゾート着

※上記は、スミロン島でのスノーケリング付きの場合。付いていない場合も帰りの時間はほとんど変わらない。

セブ・シティ

オスロブ
スミロン島

ジンベエザメが
目の前に！

観光と環境の悩ましい問題 Column

オスロブでは餌づけによりジンベエザメを近海に引き寄せており、かねてより環境への悪影響が懸念されていた。過去には、環境天然資源省により餌づけ中止の勧告が出されている。しかし、観光省のサポートなどもあり、現在では生態系に影響を与えないよう配慮しつつ餌づけを続けている。

人間に慣れているため、すれすれまで接近できる

ジンベエザメに高確率で出合うことができる、世界でも珍しい場所がセブ島南部のオスロブという町。2011年7月以降、近海でほぼ毎日目撃され、多いときには1日に15匹もの群れが確認されているという。プランクトンを主食とするジンベエザメは海面近くを泳いでいることが多く、ボートの上からでも確認することができるうえ、スノーケリングでも十分その姿を捉えることができる。

小魚やプランクトンを吸い込むジンベエザメ

ジンベエザメ学

ジンベエザメはテンジクザメ目ジンベエザメ科に属する唯一のサメで、世界最大の魚として知られている。英名はホエール・シャークWhale Shark。和名は体の表面の模様が着物の「甚平羽織」に似ていることから名づけられた。熱帯・亜熱帯・温帯の表層海域に生息し、広い海域を回遊するのが特徴的。食性はおもにプランクトンで、大きな口を開けて海水と一緒にプランクトンや小魚、海藻などを吸い込む。平均寿命は60〜70年といわれているが、なかにはその倍近く生きるものがいるとの説もある。まだまだ謎の多い生き物だ。

ツアー情報

所要時間：約12時間　**予算**：1人₱8000程度
旅行会社のツアーに参加するのが一般的。ホテルのツアーデスクか旅行会社で申し込む。ネット予約やグループの人数が多いと、ひとり当たりの料金が安くなることもある。

個人で行く場合

セブ・シティのサウス・バスターミナル（ ▶Map P.141-C3）からオスロブ行きのバスが出ている。所要約4時間、₱170。オスロブに着いたら、現地のホテルなどでボートを手配しスノーケリングへ。ひとり₱1000程度。ツアーに比べて格段に安くなる。

アイランドホッピングで訪れる島は催行会社により若干異なる

セブのアクティビティで人気No.1

バンカーボートで憧れのアイランドホッピング！

Let's Join Island Hopping Tour

セブに来たらまずはスノーケリング！
美しい珊瑚礁の海を心行くまで堪能したい

息をのむような光景が広がるナルスアン島の海洋保護区

©SCOTTY'S ACTION SPORTS NETWORK, Inc.

9:00 →

バンカーボートに乗っていざ出発！

それぞれの船着き場からボートに乗り込み、ナルスアン島に向けて出発。バンカーボートは冒険気分満点！

さあ、出発！

バンカーボートは東南アジアの島々のシンボルでもある

ライフジャケットを着るので安全

10:00 →

海洋保護区でスノーケリング

ナルスアン島周辺は海洋保護区に指定され、まるで水族館のようなすばらしい水中世界が広がっている。ここで45分ほどスノーケリング。

バンカーボートで憧れのアイランドホッピング！

CEBU

こちらも
おすすめ！

水上レストランで
シーフードランチ

マクタン島からバンカーボートで約30分。オランゴ島沖に浮かぶ水上レストランを訪れ、海風を感じながら新鮮なシーフードをたっぷりいただく。釣りやスノーケリングなどのアクティビティも盛りだくさん！

その場でスタッフがヤシの実を割ってくれる！

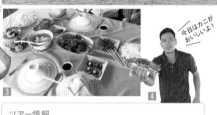

今日はカニがおいしいよ！

1 素朴な雰囲気の水上レストラン 2 釣りは子供でも気軽に楽しめる 3 新鮮な素材を素朴な味つけで調理 4 フレッシュなシーフードをすすめてくれたレストランスタッフ

ツアー情報
所要時間：約3時間〜　　予算：ひとりP4000程度
旅行会社のツアーに参加するのが一般的。申し込みはホテルのツアーデスクか旅行会社まで。

12:00 →
パンダノン島へ到着
目的地のパンダノン島に到着！しばらくは自由行動なので、白砂のビーチで遊んでもいいし、島内を探検するのもおすすめ。

珊瑚礁は見られないが、白砂のきれいなビーチが広がっている

12:30 →
ランチタイム！
お待ちかねのフィリピン料理ランチ。食べ終わったら休憩して、再びスノーケリングポイントへ。

マクタン島
Mactan Is.

オランゴ島

水上レストラン

N

0　　2km

ヒルトゥガン島

カオハガン島

ナルスアン島
Nalusuan Is.

パンダノン島
Pandanon Is.

15:00 ホテル着　お疲れさま！

グリルチキンやシーフード、マンゴーなど、フィリピンならではのメニューを楽しめる

ツアー情報
所要時間：約6〜8時間　予算：ひとりP3500程度
アイランドホッピングは、旅行会社のツアーに参加するのが一般的。リゾートのビーチなどで声をかけてくる業者もいるが、なかには悪徳業者もいるので内容をよく確認のこと。

オランゴ島周辺にはすばらしいダイビングスポットが点在する

Q 必要なものは何?

A ウエットスーツや器材が必要だが、レンタルできるので、わざわざ日本で買い揃える必要はない。ただし、近視用のマスクや特別サイズのウエットスーツが必要な人などは、事前に問い合わせを。

Q どこでダイビングできる?

A ボートでスポットを訪れてエントリーするスタイルが一般的。マクタン島からの場合、周辺のスポットまでは5〜30分。午前中に1ダイブ楽しんだあと、リゾートに戻ってランチ。そして午後にもう1ダイブというパターンが多い。

体験ダイビングってこんな感じ

1 学科講習
まずは、一連の流れを予習。海に潜るための基礎知識を学ぶ。

2 器材の使い方を練習
プールや浅瀬で、最低限必要な器材の用途と使い方を実際に練習。水がマスクに入ってきた場合のマスククリアや、レギュレーターが口から外れてしまった場合の対処法についても学ぶ。

3 ボートでダイビングスポットへ
通常のダイビングスポットへ。これまでの学習を生かして、インストラクターと一緒に水中へ。水深約12mまで潜降。

4 海中を散歩
美しい珊瑚礁が広がる海をインストラクターの案内でじっくり堪能。

5 魚たちの世界へ
色とりどりの魚に囲まれて、感動! 魚たちは人慣れしていてたくさん寄ってくる。

6 浮上してダイビング終了
体験ダイビングの所要時間は、ダイビングサービスによっても異なるが、2〜3時間程度。実際に海中に潜るのは30分ほど。

Q どのサービスを利用すればいい？

A リゾートホテルにはダイビングサービスを併設しているところが多い。ダイビングが目的の場合は、こういったホテルに滞在しながらゆったりとダイビングを楽しむのがいい。もちろんホテル外の独立したサービスを利用することも可能。

ウミガメも見られる！

Q 何日のスケジュールを取ればよい？

A ダイビングをしてから1日は飛行機に乗ると減圧症のリスクがあることから、ダイビングをする日程プラス1日の予定を見ておくといいだろう。

だから、セブでダイバーデビュー！

1. 日本人スタッフだから安心 ……… セブには日本人経営や日本人インストラクターが常駐するダイビングサービスが多いので心強い。

2. リーズナブルな料金 ……………… 物価が安いフィリピンでは、ほかの国でダイビングをするよりもすべてにおいてリーズナブル。

3. 1年中いつでもOK ……………… 1年を通じて温暖なセブでは、まったく潜れないという時期はほとんどない。天候にもよるが、常にどこかで潜ることができる。

ベテランダイバーもハマっています！

1. 何といっても魚の種類が豊富 ……… フィリピンの海は、魚の種類が多いことで世界的にも有名。なんと、2000種類以上が生息しているといわれている。

2. 通称"お姫様・殿様ダイビング" … 現地スタッフが器材の持ち運び、セッティング、装着、エントリー時とエキジット時の手助け、さらにはあと片づけまでしてくれ、いたれり尽くせり。

Q 予算はどのくらい？

A 器材もろもろすべて込みで、体験ダイビングはひとり₱5000程度。ライセンスが取得できるオープンウオーターだと2〜3日間必要で、₱2万程度となる。

海の世界をもっと楽しみたいなら
人生初のダイビングに挑戦！
Let's Try Discover Scuba Diving

日本人インストラクターが多く、いたれり尽くせりのサービスで知られるフィリピン。初めてのダイビングをするならセブがうってつけ！

写真提供：下釜宏（ブルー・コーラル・ダイビング・ショップ代表）

セブで見られる魚図鑑
Tropical Fish Visual Guide

大物から小物、カラフルなものやユーモアたっぷりのものまで、見ていて飽きることはない。ここではセブで見られるトロピカルフィッシュの一部を紹介しよう。魚の名前を知ってから潜ると、ダイビングがもっと楽しくなる！

マーメイドフォト（右ページ）はすべてのリゾートで申し込めるわけではないので、事前に確認のこと

アケボノハゼ
ドロップオフのやや深い所の砂地でホバリングしていることが多い。

ニチリンダテハゼ
ドロップオフのくぼんだ砂地などにすみ、コシジロテッポウエビと共生していることが多い。

オドリハゼ
ドロップオフの砂地のくぼみなどに生息。踊るようにホバリングする。

ヤマブキハゼ
珊瑚礁のガレ場や砂地の浅い所からでも見ることができる。

ヒレナガネジリンボウ
巣穴の上でホバリングし、流れてくるプランクトンなどを食べる姿を見ることができる。

ギンガメアジ
成魚は群れをつくり珊瑚礁域で生活している。幼魚は内湾や河口水域にいることが多い。

ウミテング
浅い水深の砂地にペアで生息しているのをよく見ることができる。

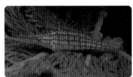

クダゴンベ
ドロップオフのヤギ類などに付着していることが多く、水深20mくらいから見ることができる。

クマドリカエルアンコウ
カエルアンコウ仲間では、イロカエルアンコウ、オオモンカエルアンコウがよく見られる。

コガネスズメダイ
この写真は子供でまだ半透明だが、大人になると全身が黄色くなる。

スプリンガーダムゼル
フィリピンでは数多くのスズメダイの仲間を見ることができる。そのうちのひとつ。

マダラハタ
フィリピンでは多くの種類のハタが生息しており、現地ではラプラプと呼ばれている。

フリソデエビ
サンゴや石などの隙間にペアでいるのを見ることができる。体の色は青やピンクなどもある。

ピンクスクワッドロブスター
イワカイメン科の大型つぼ状海綿と共生している。海綿の縦溝の下によく隠れている。

カクレクマノミ
3本の白い横ラインが入っており、ニモの愛称で皆に好かれている。

Text & Photographs by Tatsuyuki Nihei (Paradise Gobies Divers)

パラ・セーリング
Parasailing

パラシュートを背負ってスピードボートに引っ張ってもらい、そのまま空に舞い上がる。爽快感では群を抜いている。

ヘルメットダイビング
Helmet Diving

空気が送り込まれてくる専用のヘルメットをかぶり、水深4mの水中世界を散歩するというもの。水が怖い人でも楽に魚の世界が楽しめる。

©SCOTTY'S ACTION SPORTS NETWORK, Inc.

フライフィッシュ　*Fly Fish*
バナナボートに似ているが、より爽快感がある。場合によっては空に舞い上がることも！

マーメイドフォト　*Mermaid Photo*
魚のコスチュームを着てビーチに行き、カメラマンに撮影してもらうというもの。近年人気上昇中のアクティビティ！

©SCOTTY'S ACTION
SPORTS NETWORK, Inc.

水上オートバイ　*Jet Ski*
日本では免許が必要だが、セブではなくてもOK。リゾートの目の前の海で気軽に楽しむことができる。

スタンドアップ・パドルボード（SUP）
Stand Up Paddleboard (SUP)

世界的な流行をみせる新感覚アクティビティ。サーフボードに立ち、パドルですいすい進む。

marine Ocean Tours

カヤック　*Kayak*
波が穏やかなリゾートの目の前で、のんびりと海上散歩を楽しめる。無料でレンタルできるホテルが多い。

気分爽快

リゾートのビーチで気軽に参加できる
ビーチアクティビティ
Let's Try Beach Activities!

定番のカヤックから流行のSUPまでセブではあらゆるアクティビティが楽しめる！

ビーチアクティビティの料金目安

フライフィッシュ（15～30分）……	₱2000
スタンドアップ・パドルボード（SUP）（60分）………	₱1500
ヘルメットダイビング（25分）……	₱2500
水上オートバイ（30分）…………	₱4500
パラセーリング（30分）…………	₱3000
マーメイドフォト………………	₱2000

※可能なアクティビティはリゾートによって異なる

セブならではの味を堪能したい

大人気の
定番レストランへ

Popular Philippino Restaurants

リゾートエリアにはおいしいレストランが勢揃い
店選びに困ったら定評のある人気レストランへGo!

レチョンはフィリピン全土でお祝いのごちそうとして振る舞われる。セブのレチョンは全国的に有名だ

グリルチキン
は必食の
逸品！

開放的な店内で地元の味を

マリバゴ・グリル
Maribago Grill

緑が生い茂り、南国ムードあふれる雰囲気。フィリピンの代表的なメニューが揃い、どれを頼んでも外れなし！1品₱150前後からと値段も手頃でたいへん人気がある。

マクタン島 ▶**Map** P.140-B2

住Bagumbayan 1, Maribago, Lapu-Lapu City 電0917-864-8722 営10:00～22:00
休なし Card不可

トロピカルムード満点の敷地内　いろいろと頼んで大勢で分け合いたい

セブ名物レチョンの名店

ハウス・オブ・レチョン
House of Lechon

アヤラ・センター近くの裏通りにある。レチョンとは豚の丸焼きのことで、ここでは昔ながらに丸ごと1頭を焼く調理法で提供。1人前からkg単位オーダーまであってグループでも楽しめる。

セブ・シティ ▶**Map** P.141-C2

住Acacia St. Cebu City 電0916-662-9163 営10:00～21:00 休なし CardAJMV

店に近づくと
おいしい肉の
匂いが
漂ってくる

バナナの花プソ・ナン・サギンのサラダ（P115）
レチョンは見える場所で豪快にカット　地元の人だけではなく観光客にも大人気

大人気リゾートで豪華ビュッフェ

アレグロ
Allegro

ブルーウオーター・マリバゴ・ビーチ・リゾート内の奥にあるレストラン。大人気なのが、開放感のある東屋で朝昼晩毎食開かれるビュッフェ。土曜夜にはマニラのバリオ・フィエスタ（→P.53）メニューのビュッフェになる。

マクタン島 ▶ Map P.140-B2

住 Buyong, Maribago, Lapu-lapu City TEL (032) 263-4410 開 24時間 休 なし Card ADJMV URL blue watermaribago.com.ph/dining/allegro-restaurant

①セブのシーフードが食べ放題！サラダもたくさんあってうれしい ②カフェスペースではアラカルトやドリンクも楽しめる ③肉はその場でスライスして加熱してくれる

シーフードといったらここ！

オイスター・ベイ・シーフード・レストラン
Oyster Bay Seafood Restaurant

2010年にオープンして以来、おいしいシーフードレストランとして絶大な人気を誇っている。店内は風が気持ちよいテラス席と、エアコンの効いた室内があり、さまざまなシーンで利用できる。

セブ・シティ ▶ Map P.140-A1

住 Bridges Town Square, 143 Plaridel St., Alang-Alang, Mandaue City TEL 0956-506-2983 開 11:00〜15:00、18:00〜22:00 休 なし Card AJMV

生けすからあげた食材を使用するので新鮮！

新鮮さでは負けないよ！

①名物のオイスターベイ・クラブ（時価） 風が気持ちよい屋外席もおすすめ ②人気メニューのバンブーライスはいろいろな味がある（P.260〜）③エビも生けすから新鮮なものが提供される

世界のグルメを堪能しよう!

アバカ系の絶品レストラン

Various Restaurants by Abaca Group

さまざまな料理店を手がけるアバカグループのレストランで
洗練されたサービスと料理に酔いしれたい

ほかにも中東やアメリカ料理も展開している

1 ヌードルボウル(小₱225／大₱350) 2 アンガスビーフサテ(₱345) 3 店内はスタイリッシュかつカジュアル

1 フィリピンはメキシコ料理がおいしいことでも知られている 2 店内はシックなメキシカンテイスト 3 人気のポークタコス(₱335)

ベトナム

ファット・フォー
Phat Pho

人気メニューのヌードルボウルは、さまざまなスパイスが利いたスープが美味で、チキン、ミートボール、レモングラス&ポークなどの具材を選んでトッピングしてもらえる。

セブ・シティ ▶Map P.141-D2
住Crossroads Mall, Banilad, Cebu City
℡099B-844-3053. 営11:00〜22:00 休なし
Card MV URLphatphoph.com

メキシコ

マヤ MAYA

マヤ文明を感じさせるインテリアに囲まれて、エキゾチックな味に舌鼓。タコスやトルティーヤの種類も豊富で、できれば大勢でワイワイいいながらいろいろな味を試したい。

セブ・シティ ▶Map P.141-D2
住Crossroads Mall, Banilad, Cebu City
℡0947-992-8329 営11:00〜24:00(木〜23:00、金・土〜翌2:00) 休なし Card DMV.

夜も楽しみたい!

夜景を目的に訪れたい

ブル・バー&グリル
Blu Bar & Grill

マルコポーロ・プラザ(→P.115)内にあるバー。セブ・シティを一望する夜景が人気で、ロマンティックな雰囲気。開放的なオープンエアの席でゆったりとした時を過ごせる。

➤ おすすめナイトスポットNight Spot

セブ・シティ ▶Map P.141-C1
住Marco Polo Plaza Cebu, Cebu Veterans Dr., Nivel Hills, Apas, Cebu City 電(032)253-1111(内線8305) 営17:30〜22:00 休日 Card AMV

1 Tボーンステーキ(₱1980) 2 サーモンのカルパッチョ(₱700) 3 テラス席希望の場合は予約をしておこう

タヴォラータ *TAVOLATA* イタリア

素材を生かしたシンプルな味つけが人気で、特に麺にイカ墨を直接練り込んだイカ墨パスタはおすすめ。ワインの種類も豊富に揃っている。天井の高いおしゃれな店内もGood。

マンダウエ・シティ ▶Map P.141-D1外

住Design Center of Cebu, A.S. Fortuna St. Mandaue City 電0920-958-3125 営11:00～21:00 休なし CardDMV

1 天井が高いのでとても開放的　2 もちもちの生パスタはくせになるおいしさ（P425～）

1 店内に飲食スペースもある　2 パンの種類は豊富　3 ITパーク店　4 ワッフルP450、カフェ・ラテP145

ベーカリー

アバカ・ベーキング・カンパニー
Abaca Baking Company

自家製のパンやスイーツ、ドリンクなど約100種以上を提供。夜になるとパンがお得に買えるセールも実施。ITパーク店のほかセブ・シティ内に11店舗展開している。

セブ・シティ ▶Map P.141-C2 ベースライン・センター店
▶Map P.141-C2 アヤラ・センター店
▶Map P.141-D2 ITパーク店

住TGU Tower, IT Park, Jose Maria del Mar St., Cebu City 電0969-512-2934 営6:00～16:00 休なし CardAJMV

人気の
パンケーキ

在住日本人にも人気の名店
ユーフォリア
Euphoria

オーナーのこだわりのつまったオシャレなバー。夜のお酒はもちろん、食事もおいしく、ランチもにぎわう。ふわとろのリコッタパンケーキも大人気。Wi-Fiあり。

マクタン島 ▶Map P.140-B2

住Buyong Rd, Maribago, Lapu-Lapu City 電(032) 423-6944 営11:00～24:00 休なし CardAJMV

1 カジュアルでくつろげる店内
2 エビのシシグP380
3 カルボナーラP398
4 カクテルもおすすめ

高級から格安まで

極楽スパで癒やされたい

Relaxing Holiday in Heavenly Spa

マクタン島には高級から格安まで
さまざまなバリエーションのスパが勢揃い！

（縦書き）町なかスパは、マクタン島内であれば無料で送迎を行っている店が多い

ようこそ！

ゴージャスにこだわるなら
リゾートスパ

代表的なリゾートスパ

CHIスパ
CHI Spa

「気」を取り入れることで自然治癒力が増し、心身ともに健康でいられるという中国古来の考えを基本に、カウンセリングで適切なアドバイスをしてくれる。要予約。

シャングリ・ラ（→P.114）内にある

▶ Map P.140-B1
🏠Punta Engaño Rd., Lapu-lapu, Mactan Is.
📞(032) 231-0288 🕐9:00～19:00 休なし
Card ADJMV URLwww.shangri-la.com

メニュー例
ボディケア ₱7800～／2時間
リラックス＆若返り施術 ₱5480／2時間

外部からのゲストも多い

モガンボ・スプリングス
Mogambo Springs

プランテーション・ベイ（→P.114）内にある、オリエンタルな雰囲気たっぷりのスパ。滞在とセットになったスパパッケージも揃っている。要予約。

野趣あふれるセミオープンのキャビン

▶ Map P.140-A1
🏠Marigondon, Mactan Is. 📞(032) 505-9800
🕐10:00～22:00 休なし
Card ADJMV URLplantationbay.com

メニュー例
ボディスクラブ ₱3500／1時間
ヒロットマッサージ ₱4500／1時間30分

スパスイートにも泊まりたい！

アムマ・スパ
Amuma Spa

サロンも併設するブルーウオーター・マリバゴ（→P.114）内のスパ。水が流れる通路の脇にトリートメントを受けられる個室が並んでいる。要予約。

▶ Map P.140-B2
🏠Buyong Maribago, Lapu-lapu, Mactan Is. 📞(032) 263-4410 🕐10:00～22:00
休なし Card ADJMV URLwww.bluewatermaribago.com.ph

メニュー例
アムマヒロット ₱4800／2時間
ヒングタン（頭と肩のマッサージ）₱1000／30分

1 オリジナルのコスメも販売している 2 カップルで一緒にトリートメントを受けられる 3 スパのそばに配されたスパスイート（客室）

ラグジュアリーから カジュアルまで 町なかスパ

トロピカル ムード満点！

極楽スパで癒やされたい

リゾートのような癒やしの空間
アルニカ・プラナ・スパ
Arnika Prana Spa

花々や木々で満ちた広い敷地内に、7棟だけという極上のスパ。技術力の高さもサービスもリゾート並み。ヒロットは1時間10分で₱1800（税別）。要予約。

▶Map P.140-B2

住Abuno St., Pajac 電(032)462-6544 営11:00～23:00 休なし CardAJMV 交マクタン島内は送迎無料

1 伝統家具で彩られたヴィラ 2 緑あふれる広大な敷地が自慢

緑あふれる空間で快適なひとときを
ノア・ストーン&スパ・リゾート
Noah Stone & Spa Resort

緑あふれるナチュラルな雰囲気で、まるでリゾートにいるよう。ストーンマッサージ（US$56／1時間30分）が人気。要予約。

▶Map P.140-A1

住Abuno St., Pajac, Lapu Lapu 電(032)342-8379 営11:00～23:00 休なし CardAJMV 交マクタン島内は送迎無料

1 風通しのよいレセプション 2 キャビンはプライベート感もたっぷり

マクタンのメインストリート沿い
フア・スパ Hua Spa

噴水のあるガーデンにヴィラタイプの施術室が点在。おすすめはセルライト除去効果のあるバンブーマッサージで2時間₱2000。要予約。

▶Map P.140-B2

住Quezon National Highway, Lapu-Lapu 電0915-392-0075 営10:00～23:00 休なし CardJMV 交マクタン島内は送迎無料

1 ほかのスパに比べて広々としている 2 植物のあふれる中にかわいらしいキャビンが並ぶ

リーズナブルな料金で良質な施術と評判
チーバ・スパ
Cheeva Spa

町の喧騒を忘れさせる内装の部屋で経験豊富なマッサージ師の施術を受けられると評判だ。日本語のメニューもあるので安心。マッサージは₱900（1時間30分）～。

セブ・シティのおすすめスパ！

▶Map P.141-D2

住22 F ,Cabahug St., Mabolo, Cebu City 電(032)517-5421 営11:00～翌2:00 休なし CardMV

キャビンは静かでリラックスできる

さらに気軽に行きたいなら
ヌアッタイ
Nuat Thai

セブだけでも20店舗以上を展開。深夜まで営業していて、1時間しっかり受けてもボディマッサージが₱200程度からと格安。

〈マクタン・セバスチャンホテル店〉

▶Map P.140-B1

この看板が目印

住Sebastien Hotel, M.L. Quezon National Highway, Lapu-Lapu City 電0960-865-0876 営10:00～23:00 休なし Card不可

セブ・シティの町歩きでは、盗難などに備え最低限の用心はしておこう

人々の笑顔に触れる旅に出よう！

フィリピン最古の町を散策

フィリピンならではのエキゾチックな空気を感じたいなら、
セブ・シティのダウンタウンを歩いてみよう！

AREA GUIDE

セブ・シティ
Cebu City

フィリピン最古の町？
1521年のマゼラン上陸以来、セブ・シティはフィリピンで最初に形成された「町」。それまではバランガイと呼ばれる集落が点在するだけだった。

---

2 フィリピン最古の歴史をもつ

サント・ニーニョ教会
Santo Niño Church

サント・ニーニョとは「幼きイエス」のこと。かつてマゼランが持ち込み、セブのフアナ女王に贈ったといわれる高さ約40cmのサント・ニーニョ像が収められている。博物館は最初の3名まで₱200。

▶Map P.141-C3　住Osmeña Blvd.　☎(032)255-6697　開月～木・土6:00～19:00、金・日4:00～20:00　休なし　料無料

---

1 エネルギッシュな庶民の生活が感じられる

カルボン・マーケット
Carbon Market

食料品をはじめ、籠製品、生活雑貨まで何でも揃う。セブ・シティでいちばん新鮮でいちばん安い。盗難などの被害が多いので注意。

にんじん6本ちょうだい
はいよ～

▶Map P.141-C3

住59 M. C. Briones St.　開早朝～日没　休なし

---

3 万病に効くと信じられた十字架がある

マゼラン・クロス
Magellan's Cross

1521年、フィリピンで最初にキリスト教徒の洗礼が行われた場所。マゼランが立てたという木製の十字架が収められている。

▶Map P.141-C3

住P.Burgos St.　開8:00～18:00　休なし　料無料

当時の洗礼儀式の様子が天井に描かれている

ACCESS

マクタン島リゾートエリアからセブ・シティまでは、タクシーで所要40分～1時間30分、₱300～400。

1 建立は16世紀。現在の建物は1790年に再建修復されたもの
2 1日中熱心な信者が訪れ、日曜ともなればごった返す

パシャ

▶▶所要 **4時間 おすすめコース** ☑

時刻	コース
13:00	カルボン・マーケット
14:00	サント・ニーニョ教会
14:30	マゼラン・クロス
15:00	サン・ペドロ要塞
15:30	ヤップ・サンディエゴ・アンヤストラル・ハウス
16:00	1730ジェスイット・ハウス

ヤップ・サンディエゴ・アンセストラル・ハウス **5**
ビサヤ大学●
1730 ジェスイット・ハウス **6**
Osmeña Blvd
Pelaez St.
Colon St.
Goal!
M.J.Cuenco
D.Jakosalem St.
Legaspi Ext.
サント・ニーニョ教会 **2**
Magallanes St.
マゼラン・クロス **3**
サン・ペドロ要塞 **4**
M.J.Cuenco Ave.
S.Osmeña Blvd.
カルボン・マーケット **1**
Start!
独立広場

マクタン島
の
見どころ

\Check!!

マクタン島のジプニーは
ミニサイズ！

マクタンシュラインという公園にある
マゼラン記念碑&ラプラプ像
Magellan's Marker & Lapu Lapu Monument

マゼラン上陸を記念して、マゼラン記念碑が立てられている。ラプラプ像は、ラプラプの勇敢な戦いを記念してのもの。

マゼランは酋長ラプラプに敗れた

▶Map P.140-B1

住6015 Punta Engano Rd., Lapu Lapu 開7:00〜22:00 休なし 料無料 交マクタン・セブ国際空港からタクシーで20分

セブのおみやげはここで決まり！

セブ・シティであれば、SMシティ・セブ（▶Map P.141-D3）におみやげが勢揃いするクルトゥーラ（→P.64）がある。マクタン島は、空港そばのマリーナ・モールがおすすめ。レストラン棟の隣の別棟に、小さなショップが並ぶ。マゼラン記念碑のある敷地内にもみやげもの屋が多い。

フィリピンではおみやげのことを「パサルボン」という

マリーナ・モール
Marina Mall

▶Map P.140-A1〜2

住Airport Rd., Lapu Lapu City 開9:00〜21:00 休なし

知られざるフィリピン産ギター
アレグレ・ギター工場
Alegre Guitar Factory

クラシックからフォークまで、多様なギターが職人の手で作られている。ギターショップも併設。ギターの値段は₱3500〜。

▶Map P.140-B2

住Abuno, Lapu-Lapu City 電0917-158-6109 開8:00〜17:00 休なし 刻AJMV 交マクタン・セブ国際空港からタクシーで30分

周辺にたくさんのギター工場がある

マクタンシュラインに行ったら寄ってみよう！
スウトゥキル・シーフード・マーケット
Sutukil Seafood Market

魚を買ってそのまま持ち帰ってもOK、店の奥にあるレストランで調理してもらい食べていってもOKという屋台村のような魚市場。

▶Map P.140-B1

住Mactan Shrine 開8:00〜22:00 休なし 刻不可 交マクタン・セブ国際空港からタクシーで20分

タイのような味の高級魚ラプラプ
Lapu Lapu は1匹₱700〜1000/kg

4 苦難に満ちたフィリピン史を象徴
サン・ペドロ要塞
Fort San Pedro

1565年から建築が始まり、1738年に現在の石造りの砦が完成した。アメリカ統治時代には兵舎に、日本軍占領下では捕虜収容所として利用された歴史をもつ。

▶Map P.141-C3

住A. Pigafetta St. 電(032)256-2284 開8:00〜17:00 休なし 料₱30

現在は公園として公開されている

5 アンティークの家財道具に圧倒される
ヤップ・サンディエゴ・アンセストラル・ハウス
Yap Sandiego Ancestral House

17世紀頃の中国人豪商の家屋で、セブ内でも最も保存状態のよい民家のひとつ。邸内には当時の調度品がそのまま残されている。

▶Map P.141-C3

住155 Lopez Jaena St., Parian 電(032)266-2833 開9:00〜18:00 休なし 料大人₱100、学生₱50、子供無料

1 博物館として一般に公開されている　2 当時を彷彿させるキリストの画　3 邸内に飾られたヤップ一族の写真

6 イエズス会の足跡に触れる
1730ジェスイット・ハウス
1730 Jesuit House

1730年にイエズス会の宣教師の住居として中国の建築様式で建てられた建物。当時のパリアン地区の模型などが展示されている。

▶Map P.141-C3

住No. 26 Zulueta St., Parian 電(032)255-5408 開8:00〜12:00、13:00〜17:00 休日 料大人₱100

かつて倉庫として使用されていた建物を整備している

セブのおすすめホテル

セブには格安宿から高級ホテルまで幅広く揃う。
編集部おすすめのホテルをピックアップ！

近年、セブ・シティには安くておしゃれなホテルが増加中

シャングリ・ラ マクタン セブ
Shangri-La's Mactan Cebu

趣の異なる7つのレストランやバー、ミニゴルフコースなど、設備の充実度を誇る。530室。

▶Map P.140-B1 ●マクタン
6015 Punta Engaño Rd. (032) 231-0288
P1万2000〜 URL www.shangri-la.com

シェラトン・セブ・マクタン・リゾート
Sheraton Cebu Mactan Resort

白い砂浜に面したロケーション。特にスイートからの眺めは抜群。広々した客室が261室。

▶Map P.140-A1 ●マクタン
Punta Engaño Rd., Lapu-Lapu City (032) 520-5500 P1万3500〜 URL www.marriott.com

プランテーション・ベイ・リゾート＆スパ
Plantation Bay Resort & Spa

周囲に白砂を敷き詰めた巨大な人工ラグーンがあり、リゾート感あふれる造り。

▶Map P.140-A1 ●マクタン
Marigondon (032) 505-9800 US$160〜
URL plantationbay.com

Jパーク・アイランドリゾート＆ウォーターパーク・セブ
Jpark Island Resort & Waterpark Cebu

6つのプールと3つのスライダーがあって巨大なテーマパークのよう。家族連れにおすすめ。

▶Map P.140-B2 ●マクタン
M.L.Quezon Hwy., Maribago (032) 494-5000
P2万2000〜 URL jparkislandresort.com

ブルーウォーター・マリバゴ・ビーチ・リゾート
Bluewater Maribago Beach Resort

スノーケリングなどを楽しめるプライベートアイランドをもつ。自然素材を生かした内装がすてき。

▶Map P.140-B2 ●マクタン
Buyong, Maribago (032) 263-4410
P6900〜 URL www.bluewatermaribago.com.ph

ザ・リーフ・アイランド・リゾート
The Reef Island Resort

シックでモダンなインテリア。ロビーと直結するインフィニティプールからの眺望が自慢。

▶Map P.140-B1 ●マクタン
Dapdap, Lapu-Lapu City (032) 253-7333
P9700〜 URL www.thereef.ph

クリムゾン・リゾート＆スパ・マクタン
Crimson Resort & Spa Mactan

緑豊かな敷地に、バリ風のヴィラが点在する。客室は6タイプでいずれも広々としている。

▶Map P.140-B1 ●マクタン
Seascapes Resort Town (032) 401-9999
P9200〜 URL www.crimsonhotel.com

キューブ・ナイン・リゾート＆スパ
Cube Nine Resort and Spa

プライベートプールのあるヴィラなどがあって家族やグループにいい。韓国料理が充実。

▶Map P.140-B3 ●マクタン
Hadson Cove, Lapu-Lapu City 0917-105-9030 US$120〜 URL cube9resortspa.com

セブ・ホワイトサンズ・リゾート＆スパ
Cebu White Sands Resort & Spa

フィリピン人経営の中級リゾート。ルーフトップバーもあって気軽にくつろげる。

▶Map P.140-B2 ●マクタン
Looc, Maribago (032) 268-9000 P5100〜
URL whitesands.com.ph

コスタベリャ・トロピカル・ビーチ・ホテル
Costabella Tropical Beach Hotel

南国感あふれる中級リゾート。アットホームな雰囲気なので自然体で過ごせる。

▶Map P.140-B2 ●マクタン
Buyong, Maribago (032) 238-2700
P6300〜 URL costabellaresort.com

パシフィック・セブ・リゾート
Pacific Cebu Resort

町なかからは遠くて静か。日本人インストラクターのいるダイブショップが入っている。

▶Map P.140-A1 ●マクタン
Suba-Basbas (032) 495-6601 P3825〜
URL pcdivers.com/rooms.html

ビー・リゾート・マクタン
Be Resorts, Mactan

明るい色を基調としたインテリアのブティックホテル。海を感じる開放的な雰囲気。

▶Map P.140-A1 ●マクタン
Punta Engaño Rd. (032) 236-8888
P4900〜 URL beresortmactan.com

ソレア・ホテル＆リゾーツ
Solea Hotel & Resorts

客室は広々としていて快適。プールエリアも開放的な雰囲気で、ファミリーにもおすすめ。

▶Map P.140-A1 ●マクタン
Wahing St., Alegria, Cordova (032) 517-8889 P5670〜 URL www.soleahotels.com

マリバゴ・シービュー・ペンション＆スパ
Maribago Seaview Pension & Spa

ケソン・ナショナル・ハイウエイ沿いでは数少ない格安の宿。マッサージサービスあり。

▶Map P.140-B2 ●マクタン
M.L. Quezon National Hwy., Maribago
0917-549-6043 P2000〜

リトル・ノルウェー・ゲストハウス
Little Norway Guest House

ノルウェー人オーナーの宿。北欧をイメージさせる内装がキュートで女子旅におすすめ。

▶Map P.140-A1 ●マクタン
3359 Greenfield Village, Sangi New Rd. 0921-511-0336 P1295〜 URL littlenorwayguesthouse.com

ホテルの予約方法

ホテルのホームページ、あるいはホテル予約サイトで可能。格安ホテルは、フェイスブックページで最新情報を確認しよう。

ホテル予約サイト

● アゴダ
URL www.agoda.com
● ブッキング・ドットコム
URL www.booking.com
● ホテルズ・ドットコム
URL hotels.com
● エクスペディア
URL www.expedia.co.jp

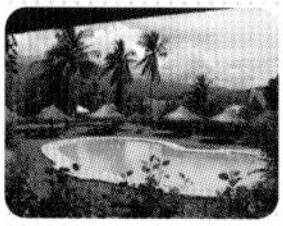

セブのおすすめホテル

バディアン・アイランド・ウェルネス・リゾート
Badian Island
Wellness Resort

セブ・シティから約3時間のバディアン港の沖合の島にあるコテージタイプのリゾート。

▶ Map P.93外 ● バディアン

🏠 Zaragosa Is. ☎ 0920-952-6293 🛏 2万1780
~ URL www.badianwellness.com

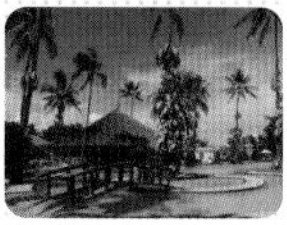

プルクラ・リゾート
Pulchra Resort

セブ・シティから南に約30kmの小さな町にある、緑豊かな隠れ家的な高級リゾート。

▶ Map P.93外 ● サン・フェルナンド

🏠 San Isidro, San Fernando ☎ 0917-580-3674
🛏 1万6500~ URL pulchraresorts.com/cebu/

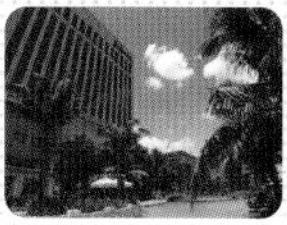

ラディソン・ブル・ホテル・セブ
Radisson Blu Hotel
Cebu

SMセブ・シティの隣でとにかく便利。シティライフを堪能するにはベストなホテル。

▶ Map P.141-D3 ● セブ・シティ

🏠 Sergio Osmeña Blvd. Cor. Juan Luna Ave. ☎ (032)
505-1700 🛏 8580~ URL www.radissonhotels.com

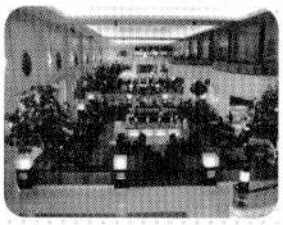

ウォーターフロント・セブ・シティ・ホテル&カジノ
Waterfront Cebu City
Hotel & Casino

カジノやジム、ショッピングアーケードを併設するラグジュアリーホテル。

▶ Map P.141-D2 ● セブ・シティ

🏠 Salinas Dr. Lahug ☎ (032)232-6888 🛏 3720
~ URL www.waterfronthotels.com.ph

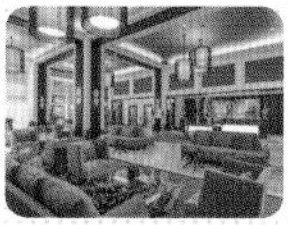

セダ・アヤラ・センター・セブ
Seda Ayala
Center Cebu

セダ・ホテルがITパーク内にもオープン。ビジネスにも観光にもおすすめの都会的なホテル。

▶ Map P.141-C2 ● セブ・シティ

🏠 Cardinal Rosales Ave. ☎ (032) 411-5800
🛏 7820~ URL www.sedahotels.com

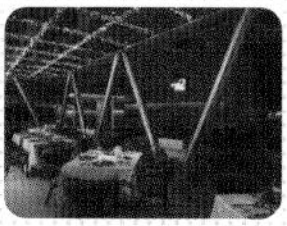

マルコポーロ・プラザ・セブ
Marco Polo Plaza Cebu

トップスに向かう途中の高台にある24階建てのシティホテル。客室からはセブ・シティの町並みを望める。

▶ Map P.141-C1 ● セブ・シティ

🏠 Cebu Veterans Dr., Apas ☎ (032) 253-1111
🛏 3800~ URL www.marcopolohotels.com

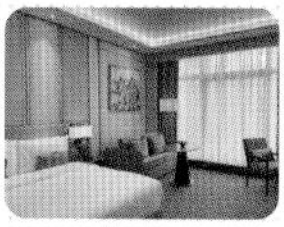

フィリ・ホテル
Fili Hotel

市南部の新興開発地域SRPにできたカジノもある総合娯楽施設Nustar内にあるホテル。

▶ Map P.141-C3外 ● セブ・シティ

🏠 Kawit Island, SRP ☎ (032)888-8282 🛏 8000~
URL www.nustar.ph/hotel

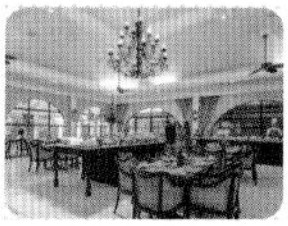

モンテベロ・ヴィラ・ホテル
Montebello Villa Hotel

緑豊かな敷地にある2階建てのヴィラタイプの宿。市北部、モールやセブ大学のすぐ近く。

▶ Map P.141-D1 ● セブ・シティ

🏠 Gov. M. Cuenco Ave., Banilad ☎ (032)256-5000
🛏 3000~ URL www.montebello.ph

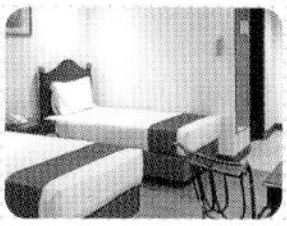

ゴールデン・ピーク・ホテル&スイーツ
Golden Peak Hotel &
Suites

アヤラ・センター・セブの近くの中級ホテル。24時間営業のレストランが入っている。

▶ Map P.141-C2 ● セブ・シティ

🏠 Gorordo Ave. Cor. N Escario St. ☎ 0930-969-
3610 🛏 3600~ URL www.goldenpeakhotel.com

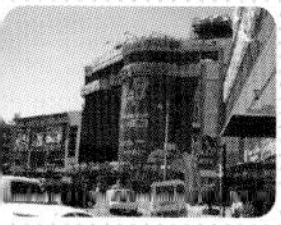

エレガント・サークル・イン
Elegant Circle Inn

周辺にレストランやスーパーなど何でも揃っていて便利。スタッフもフレンドリー。

▶ Map P.141-C2 ● セブ・シティ

🏠 Fuente Osmeña ☎ 0917-328-1601 🛏 1550
~ URL elegantcircleinn.com

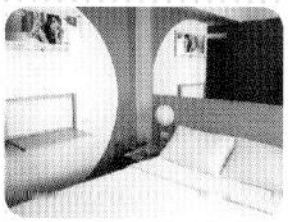

レッド・プラネット・セブ
Red Planet Cebu

アヤラ・センターそばでは最もリーズナブルなフランチャイズのホテル。

▶ Map P.141-C2 ● セブ・シティ

🏠 36 Archbishop Reyes Ave. ☎ (032)232-0888 🛏 P
1695~ URL www.redplanethotels.com/hotel/cebu

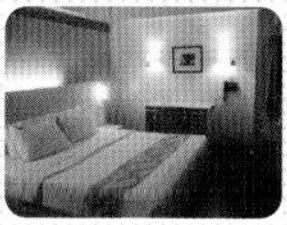

ピローズ・ホテル
Pillows Hotel

静かな場所にあり、清潔でサービスもよい。無料の朝食ビュッフェが付いている。

▶ Map P.141-C2 ● セブ・シティ

🏠 208Governor M. Roa St. ☎ (032) 383-5700
🛏 1780~ URL pillowshotel.ph

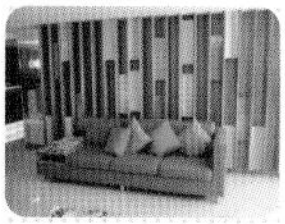

ABCホテル&ホームズ
ABC Hotel & Homes

現代的でカジュアルな宿。リーズナブルな価格で人気がある。長期滞在にも利用できそう。

▶ Map P.141-C3 ● セブ・シティ

🏠 107 F. Ramos St. ☎ (032) 412-8788 🛏 1600
~ URL abchotelcebu.com

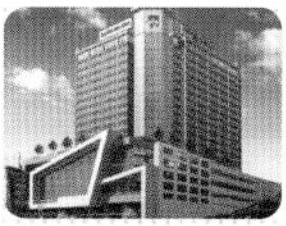

東横イン・セブ
Toyoko-Inn Cebu

ご存じの日系ホテル。空港から無料送迎バスあり（要予約）。コインランドリーもうれしい。

▶ Map P.141-D2外 ● マンダウエ

🏠 J Centre Mall, 165 A.S. Fortuna St., Bakilid, Mandaue City
☎ (032) 255-1045 🛏 1700~ URL toyoinncebu.com

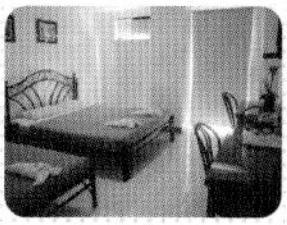

フエンテ・ペンション・ハウス
Fuente Pension House

オスメニャ通りから1本離れた通りにあるので、わりと静か。設備が充実している。

▶ Map P.141-C2 ● セブ・シティ

🏠 175 Don Julio Llorente St. ☎ 0905-222-8139
🛏 1278~ URL fuentepensionhouse.com.ph

STUDY ABROAD

English Conversation セブで英語留学

近年、語学留学先として人気のセブ。その人気の秘密を探ってみよう。

フィリピンはセブ以外にも、マニラ、バギオ、ドゥマゲッティなどに語学学校がある

今や、フィリピンは日本人の留学先として第4位。なかでも人気はセブ島だ。語学学校はすべて3食付きの全寮制となっている。日系大手資本から地元経営の小さな学校まで選択肢はいろいろ。なかにはリゾートホテルのような豪華な施設の学校もある。

人気の秘密

費用の安さ
物価や人件費の安いフィリピンでは、ほかの国に比べて留学にかかる費用が安め。

環境のよさ
南国ののんびりとしたなかで勉強でき、リゾート地なので退屈することなく過ごせる。

国際色豊かな環境
韓国や日本などだけでなく、中東や欧州からの留学生も増加し、多様性を肌で感じられる。

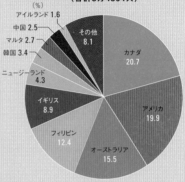

日本人の国別留学先
（合計3万4304人）

(%)
- アイルランド 1.6
- 中国 2.5
- マルタ 2.7
- 韓国 3.4
- ニュージーランド 4.3
- その他 8.1
- カナダ 20.7
- アメリカ 19.9
- オーストラリア 15.5
- フィリピン 12.4
- イギリス 8.9

一般社団法人海外留学協議会（JACS）による日本人留学調査（2022）より

留学体験者に聞きました

山川祐里奈さん
留学した学校：
セブ・マクタン島 B´Cebu

Q 英語の勉強はどうでしたか？

A 初めは単語も文法も本当にわからなかったです。先生たちは私のような初心者に慣れていて、ていねいに発音や単語、文章の作り方を教えてくれました。授業を受け始め、先生のおかげで緊張がほぐれたことを覚えています。先生の優しさや誠意を感じてがんばれました。

Q 学校生活は？

A 学校内はもちろん安全に過ごせます。校外では気をつけて過ごすときもありますが、昼間は比較的、安全に過ごせました。治安やおすすめのお店などは、先生たちに教えてもらえます。ほかの国の生徒や先生たちとは今も連絡を取り合っていて、ほかの国にも留学を共にした仲間がいるという心強さを感じます。

1日のスケジュール例

7:00	朝食
8:00	単語テスト
9:00	マンツーマン&グループレッスン
12:30	昼食
14:00	マンツーマン&グループレッスン
18:00	夕食
19:00	単語クラス

※土・日・祝は休み。1時間ごとに10分程度の休み時間

かかった費用

4週間 約27万6000円
含まれるもの：授業料、食費(3食)、宿泊代(個室)

※教材費や光熱費などは別

TRAVEL
INFORMATION

Country Profile, Immigration & Custom,
Public Transportation, Emergency Contacts, etc.

旅の基本情報

旅を安全に快適に過ごすには、事前の情報収集はとても大事。
渋滞が激しいマニラでの移動手段、治安状況についても、
あらかじめ対策を練って、いざ旅立とう！

フィリピンの基本情報

滞在先の基本情報を知ることも、大切な旅支度のひとつ。
事前に確認しておくことで、快適に安全に旅を楽しめる。

基本情報

● 国旗

青は平和、真実、正義、赤は勇気と愛国心、白は平等への希望を象徴し、太陽は自由を意味する。3つの星はおもな島であるルソン島、ミンダナオ島、ビサヤ諸島を象徴。

● 正式国名

フィリピン共和国
Republic of the Philippines

● 国歌

最愛の地
Lupang Hinirang

● 面積

29万8170km^2
日本の約8割。
7641の島がある。

● 人口

1億903万5343人
（2020年／フィリピン国勢調査）

● 首都

メトロ・マニラ（通称マニラ）
Metro Manila

● 元首

フェルディナンド・ロムアルデス・マルコスJr.（ボンボン・マルコス）大統領
Ferdinand Romualdez Marcos Jr.

● 政体

立憲共和制

● 民族構成

先住民以外78.3%、イスラム派1.6%、さまざまな先住民6.6%、外国人2.2%、そのほかが11.4%（2020年国家統計局調査）

● 宗教

カトリック83%、そのほかのキリスト教10%、イスラム教5%など。

通貨・レート

● ₱1＝2.70円（2024年4月10日現在）

硬貨は2017～2019年にデザインが一新され、新旧のものが流通していて混乱しやすい。
単位はフィリピン・ペソ（₱）。補助通貨はセンタボ（¢）。1₱＝100¢
紙幣：₱1000、500、200、100、50、20（₱200はあまり見られない）
硬貨：₱20、10、5、1、¢25、5、1（¢5、1はあまり見られない）

1000ペソ

500ペソ

100ペソ

50ペソ

20ペソ

20ペソ

10ペソ

5ペソ

1ペソ

25センタボ

電話

携帯電話の普及で公衆電話は姿を消している。日本への電話はサービス料はかかるが、宿泊先のホテルからかけるか、SIMフリーの携帯を持参して現地SIMカードを入れて、頭に「+81」を付けてかける。

● 日本→フィリピン 〈フィリピン（02）8234-5678にかける場合〉

010	▶	63	▶	2-8234-5678
国際電話識別番号		フィリピンの国番号		相手先電話番号（市外局番の頭の0は取る）

● フィリピン→日本 〈東京03-1234-5678にかける場合〉

00	▶	81	▶	3-1234-5678
国際電話識別番号		日本の国番号		市外局番を含む相手の電話番号（固定電話・携帯とも最初の0は取る）

● 現地で

マニラの市外局番は02、セブは032。

祝祭日の営業

祝祭日には、官公庁や銀行、郵便局などは休みになる。ショッピングセンターやレストランは年中無休のところが多い。ただし、イースター・ホリデイ（3月末～4月中旬。年によって異なる）だけは休む店が多く、交通機関も運休となるところもある。急に振替休日となったりすることも多いので注意。

両替

● レートは両替所によって異なる

日本でもフィリピン・ペソは手に入るが、現地で両替したほうがレートはよい。また、空港より町なかの両替所のほうが若干レートはよい。銀行よりも両替所のほうがレートはよいが、トラブルもよく報告されているので注意。

ATM

● いたるところにあり便利

国際キャッシュカードでの引き出し、クレジットカードでのキャッシングなどが可能。出発前に海外利用限度額と暗証番号を確認しておこう。ただし1回につき₱250も手数料がかかるので計画的に利用したい。

クレジット&デビットカード

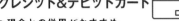

● 現金との併用がおすすめ

ほとんどのホテルやレストラン、ショップで使用できるが、食堂や安ホテルでは使えないことが多い。VISA、Masterが最も通用度が高い。ICチップ付きのカードを利用する場合には、暗証番号（PIN）が必要となる。盗難、紛失に備えて2枚以上あると便利。

言語

● 英語がよく通じる

公用語は英語とタガログ語。ビサヤ諸島のビサヤ語など、地方によってはタガログ語以外のフィリピノ語が使われており、180以上の言語がある。英語はアジアで最も通用度が高い。

時差

● −1時間

日本との時差は−1時間で、日本が12:00のとき、フィリピンは11:00。なお、フィリピンではサマータイムは実施されていない。

物価

● 概して3分の2くらい

物価の上昇が激しく、日本とあまり変わらないものも増えた。

ex. ● ミネラルウオーター（500mℓ）₱10～20
● 高架鉄道₱15～35　● タクシー初乗り₱40～
● 外食₱100～

日本からの飛行時間

● 直行便で4時間～4時間30分

日本からマニラへは日本航空、全日空、フィリピン航空、ジェットスター・ジャパン、ジェットスター・アジア、セブパシフィック、エアアジア・フィリピン、ZIPAIRが、セブへはフィリピン航空、セブパシフィック、ユナイテッド航空（2024年7月31日就航予定）が運航している。

チップ

● 高級店では払うとスマート

高めのホテルやレストランでは、チップを払うとスマート。ホテルのポーターには荷物1個につき₱20～、レストランで伝票にサービスチャージが含まれていない場合は10％程度。大衆的な食堂などではチップを払う必要はない。

旅行期間

● 2泊3日以上が望ましい

マニラ、セブとも2泊3日から十分楽しめる。短期間であればパッケージツアーも考慮に入れたい。

パスポート&ビザ

● 30日以内の滞在ならビザは不要

フィリピン出国日まで有効なパスポートと、帰国便、もしくは第3国への出国便の航空券を所持している必要がある。

電圧・電源

● プラグは日本と同じAタイプがほとんど

電圧は220V、60Hz。プラグは日本と同じAタイプがほとんどだが、まれにB3、C、Oタイプも見られるので、マルチタイプのプラグを持っていると便利。100-240V対応でない電化製品を使うには変圧器が必要。

トイレ

● ホテルで済ませておきたい

フィリピンではトイレのことをCR（Confort Room）と呼ぶ。大衆食堂やショッピングセンターなどでは、便座も紙も取り付けられていないことが多い。トイレットペーパーを携帯しよう。

郵便

● 日本までは1～2週間

マニラ、セブともおもな地区に郵便局はある。日本までのはがきは₱15、封書は20gまで₱45。所要1～2週間。多くの郵便局の営業時間は月～金8:00～17:00（営業時間は局により異なる）。

水

● ミネラルウオーターが安心

高級ホテルでは水道水が飲めるところもあるが、ミネラルウオーターを飲用するほうが安心。500mℓで₱10～20と日本よりも安く手に入る。マニラ、セブとも日本と同じくらいコンビニが定着しているので便利。

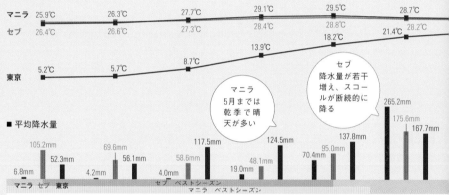

■ 平均気温　　出典：マニラ、セブと東京の月ごとの平均気温と降水量（フィリピン：PAGASA　東京：気象庁）

マニラ	25.9℃	26.3℃	27.7℃	29.1℃	29.5℃	28.7℃
セブ	26.4℃	26.6℃	27.3℃	28.4℃	28.8℃	28.2℃
東京	5.2℃	5.7℃	8.7℃	13.9℃	18.2℃	21.4℃

セブ　降水量が若干増え、スコールが断続的に降る

マニラ　5月までは乾季で晴天が多い

■ 平均降水量

マニラ：6.8mm、105.2mm、4.2mm、58.6mm、19.0mm、70.4mm、137.8mm、265.2mm、167.7mm
セブ、東京：52.3mm、69.6mm、56.1mm、4.0mm、117.5mm、48.1mm、124.5mm、95.0mm、175.6mm

マニラ　セブ　東京

セブ　ベストシーズン
マニラ　ベストシーズン

1 January

1/1
元日
New Year's Day

1/9
ブラック・ナザレ祭
Feast of Black Nazarene（マニラ）

1月の第3日曜日
シヌログ
Sinulog（セブ）

1月下旬～2月
チャイニーズ・ニューイヤー（旧正月）
Chinese New Year

2 February

2月～3月第1週
パナグベガ・フラワー・フェスティバル
Panagbenga Flower Festival（バギオ）
ルソン北部のバギオで行われる花をテーマとした祭り。

2/25
エドゥサ革命記念日
EDSA People Power Revolution

3 March

3月末～4月中旬
イースター・ホリデイ
Easter Holidays*

4月中旬
スラム断食明け大祭
Eid al-Fit*

ベストシーズン

● マニラは11～5月、セブは1～5月
フィリピンは熱帯性気候なので、1年を通して暖かい。6～11月が雨季、12～5月が乾季と分かれている。マニラでは6～10月に大量の雨が降るので、訪れるなら11～5月がおすすめ。セブは比較的降水量が少なく、年中楽しめるが、快晴が多く海も穏やかな1～5月がベスト。

4 April

4/9
勇者の日
Araw ng Kagitingan

4月中旬
スラム断食明け大祭
Eid al-Fit*

5 May

5/1
メーデー
Labor Day

5/15
パヒヤス・フェスティバル
Pahiyas Festival（ケソン州）
スペイン出身の農夫であり聖人のサン・イシドロ・ラブラドールをたたえるフィエスタ。

6 June

6/12
独立記念日
Independence Day

6月中旬
メッカ巡礼祭（犠牲祭）
Eid al-Adha*

6/24
マニラ・デー（マニラ創立記念日）
Manila Foundation Day
マニラ市は休日になる。

インターネット

● **Wi-Fi スポットは増加中**

多くのホテルでは無料でWi-Fi接続が可能。ただし、スピードが遅かったり、部屋ではつながらなかったり、あるいは有料だったりすることもある。レストランやカフェも無料でWi-Fi接続できるところが増えている。

喫煙

● **公共の場での喫煙は禁止**

マニラ、セブなどの都市では、公共の場（指定の場所を除く）での喫煙が禁止されており、罰金が科せられる。路上で喫煙していると、警察官が追いかけてくることがあるのでくれぐれも注意を。

マナー

● **常識的な行動を**

美術館などでは写真撮影が禁止されているところがある。高級なレストランやホテルではドレスコードに注意。ショッピングセンター、駅、バスターミナルなどでは手荷物検査が行われているので協力しよう。

食事

● **日本と同じお米の国**

主食はお米。ただし、パサパサしたインディカ米。そこにおかずをのせて混ぜて食べる。味つけにはしょうゆ、酢、オイスターソースなどを使っていて濃いめ。右手にスプーン、左手にフォークを持って食べるのが一般的だが、地方などでは手食も。いたるところにハンバーガーやピザなどのチェーン店がある。

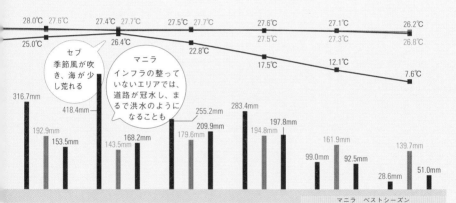

セブ
季節風が吹き、海が少し荒れる

マニラ
インフラの整っていないエリアでは、道路が冠水し、まるで洪水のようになることも

マニラ　ベストシーズン

7 July	**8** August	**9** September	**10** October	**11** November	**12** December

7/5
ボカウエ川祭り
Bocaue River Festival
（ブラカン州）

※赤字は全土の休日
※キリスト教にかかわる祝日が多い。年によって変わる移動祝祭日（*）に注意。祝祭日には商店や銀行、郵便局は休みになる

8/6
セブ州創立記念日
Cebu Provincial Foundation Day
セブ州（セブ市、ラプラプ、ダナオ、トレド）は休日となる。

8/21
ニノイ・アキノ記念日
Ninoy Aquino Day

8月の最終月曜日
国家英雄の日
National Heroes Day*

9/9
オスメーア・デー
Osmena Day
第4代フィリピン大統領オスメニアの生誕を祝うセブの祝日。

9月の第3土曜日から9日間
ベニャフランシア・フェスティバル
Feast of Nuestra Señora de Peñafrancia
（ナガ）

9日間にわたって祝われるビコール地方最大の祭り。

10月第3週
マスカラ・フェスティバル
Masskara Festival
（バコロド）

カラフルな笑顔のマスクを付けてダンスなどを踊る、フィリピンで最も有名なフィエスタのひとつ。ネグロス島のバコロド市で開催される。

11/1
万聖節
All Saints Day

11/2
死者の記念日
All Soul's Day

11/30
ボニファシオ誕生記念日
Bonifacio Day

11月22～23日
ヒガンテス・フェスティバル
Higantes Festival
（アンゴノ）

12/8
聖母マリア祭
Feast of the Immaculate Conception of Mary

12/24
クリスマスイブ
Christmas Eve

12/25
クリスマス
Christmas Day

12/30
リサール記念日
Rizal Day

12/31
大みそか
New Year's Eve

🏳️ フィリピン入出国

あらかじめ入出国の流れを頭に入れ、
できるだけ余裕をもって行動しよう。

● 日本からフィリピンへ

1 フィリピン到着
案内に従い、入国審査場へ。

2 入国審査
入国審査には日本出発前までにeTravel（→P.
123）というサイトで登録を済ませておく必要があ
る。登録後にQRコードが表示されるが、問題がな
い限り入国審査で表示を求められることはないこ
とがほとんど。

3 荷物受け取り
搭乗時に荷物を預けた人はターンテーブルで荷
物をピックアップ。

4 税関審査
申告するものがない人は「申告なしNothing to
Delare」のゲートへ。

5 到着ロビー
必要な人は両替やATMでキャッシュの引き出しを
して、いざ市内へ！

フィリピン入国時の免税範囲

酒類	レギュラーサイズ（1ℓ）2本
たばこ	紙巻きたばこ400本、葉巻50本、刻みたばこ250gのいずれか（電子たばこは持ち込み禁止）
外貨	無制限（US＄1万以上は要申告）
フィリピン・ペソ	₱5万以上は要申告（持ち出しも同様）

機内持ち込み制限

● おもな制限品

刃物類（ナイフ、はさみなど）：持ち込み不可   **液体物**：容量制限あり※
喫煙用ライター：ひとり1個のみ

※液体物（ジェル類、エアゾール類含む）は100mℓ以下の容器に入れ、さらに1ℓ以下
の再封可能な透明プラスチック袋に入っているものはひとり1袋のみ持ち込み可。

● フィリピンから日本へ

1 免税手続き
VAT（付加価値税）の還付を受けたい人は、空港
内の税関カウンターで申告。

2 搭乗手続き（チェックイン）
航空会社のカウンターで航空券（eチケット控え）
とパスポートを提示。預託荷物があれば預け、
ボーディングパス（搭乗券）とクレームタグ（荷物
引換証）を受け取る。

3 セキュリティチェック
液体物や危険物を持ち込んでいないかチェックさ
れる。

4 フィリピン出国審査
パスポートとボーディングパスを提出し、出国スタ
ンプを押してもらう。

5 搭乗ゲート
指定の搭乗ゲートへ。免税店やみやげ物店があ
るので、最後の買い物をしてもいい。

日本入国（帰国）時の免税範囲

酒類	3本（1本760mℓ程度のもの）
たばこ	紙巻きたばこ200本、加熱式（個装等）10箱、葉巻50本、その他のたばこ250g
香水	2オンス（約56mℓ。オー・ド・トワレ、オー・デ・コロンは含まない）
その他	20万円以内のもの（海外市価の合計額）
おもな輸入禁止品目	麻薬、向精神薬、大麻、あへん、覚せい剤、MDMA、けん銃等の鉄砲、爆発物、火薬類、貨幣、有価証券、クレジットカード等の偽造品、偽ブランド品、海賊版ソフトなど

● 預託荷物重量制限

フィリピン航空エコノミークラスの
場合、合計2個まで預けることがで
きる。重量制限は1個23kgまで。
航空会社や搭乗クラスによって
異なる。

● フィリピン入国に必要なeTravelの登録方法

フィリピン入国には紙による入国カードは完全に廃止され、WebサイトからeTravel に登録することになった。登録はフィリピンへのフライトの出発予定時刻の72時間前から可能。チェックイン時にeTravelの提示を求められるが、到着時に空港では提示を求められない。　**URL** https://etravel.gov.ph

● 詐欺に注意

eTravelのフェイクサイトが存在し、クレジットカード番号などを入力させる詐欺が横行している。eTravelは完全に無料なので、だまされないように！

eTravel

❶ まずはアカウントを作成

初めてフィリピンに入国する人（eTravelに入力したことのない人）はEメールアドレスでアカウントを作成する。すでにアカウントのある人はメールアドレスを入力してログインし、⑦の新しい渡航申告から入力を始める。

❷ ワンタイムパスワードを入力

初めて登録した場合は、入力したEメールアドレスに6桁のワンタイムパスワード(OTP)が届くので、それを入力する。

❸ アカウントのパスワードを設定

パスワードは英数字8桁以上で英字の小文字と大文字が各1文字以上含まれないといけない。

❹ 顔写真をアップロードし、個人情報を入力

顔写真を携帯電話で撮影するか、撮影済みの写真をアップロードする。「Foreign Passport（海外パスポート）」を選択したのち、名前、携帯電話の番号（日本の電話でOK）、国籍（Citizenship）、出生国（Country of Birth）、パスポートナンバー、職業（Occupation）を入力する。

❺ 住所を入力

永住している国（Permanent Country of Residence）の住所を英語で入力する。居住しているのが日本の場合は、「Japan」を選択。

❻ 入力した情報を確認

入力した基本情報が表示されるので内容が正しいかを確認する。修正したい場合は、「Previous」ボタンを押すと前ページに戻って修正できる。

❼ 今回の渡航情報入力を選択

「New Travel Declaration（新しい旅行申告）」をクリック。

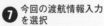

❽ 入力する渡航情報が本人か家族（同行する子供）のものかを選択

❾ 渡航情報を入力

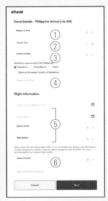

① Purpose of Travel（渡航目的）→観光旅行の場合は「Holiday/Pleasure/Vacation（休暇/余暇/バケーション）」を選択

② Traveler Type（旅行者のタイプ）→一般旅行者の場合は「Aircraft Passenger（航空機の乗客）」を選択

③ Country of Origin（出発国）

④ Destination upon arrival in the Philippines（フィリピン到着後の行き先）→ホテルやリゾート宿泊の場合は「Hotel/Resort」を選択

⑤ 利用するフライトの情報（出国日、帰国日、航空会社、便名）

⑥ Airport of Arrival（到着空港）

❿ 健康状況について入力

① 過去30日間に働いた国、訪れた国、通過した国
→ある場合は国名を選択

② 過去30日間（渡航前）に、伝染病、感染症にかかったか？または、かかっていることがわかっている人と接触したか？
→していない場合はNoを選択

③ 過去30日以内に病気なったか？
→なっていない場合はNoを選択

⓫ 最終確認画面

今まで入力した情報が画面に表示されるので内容をチェックし、「提出(Submit)」をクリック。

⓬ 表示されたQRコードを保存

入国時にQRコードを提示する必要はないことになっているが、念のためスクリーンショットなどでスマホに保存しておこう。

🛫 空港案内

マニラのニノイ・アキノ国際空港は4つのターミナルからなる。セブの空港はマクタン島にあり、ターミナル1は国内線、ターミナル2は国際線となっている。

ニノイ・アキノ国際空港 航空会社別利用ターミナル

T1　日本路線では日本航空、フィリピン航空、ZIPAIR

T2　フィリピン航空、フィリピン・エアアジアの国内線

T3　日本路線では全日空、セブパシフィック、ジェットスター、エアアジア

T4　国内線のセブゴー、サンライト航空、スウィフト航空

ニノイ・アキノ国際空港周辺

ニノイ・アキノ国際空港T1

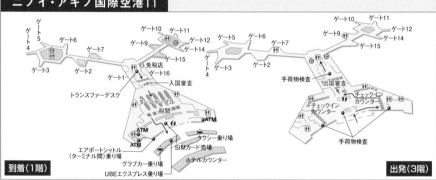

到着（1階）　　　　　　　　　　　　出発（3階）

ニノイ・アキノ国際空港T2

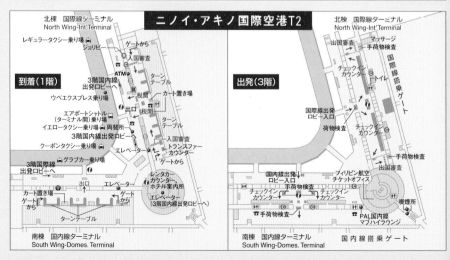

到着（1階）　　　　　　　　　　　　出発（3階）

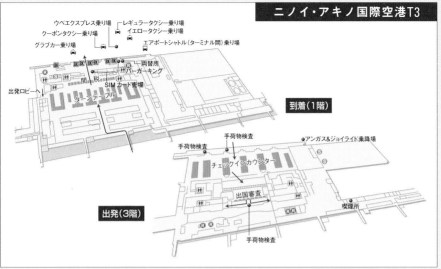

ニノイ・アキノ国際空港T3

ウベエクスプレス乗り場
クーポンタクシー乗り場
グラブカー乗り場
レギュラータクシー乗り場
イエロータクシー乗り場
エアポートシャトル(ターミナル間)乗り場

両替所
バーガーキング
SIMカード売場
関・税
出発ロビーへ
ターンテーブル

到着(1階)

手荷物検査
手荷物検査
チェックインカウンター
アンガス&ジョイライド乗降場

出国審査
喫煙所

出発(3階)

手荷物検査

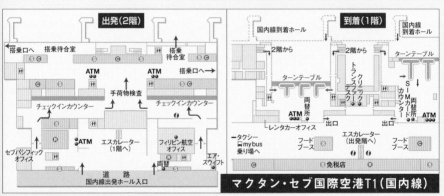

出発(2階)

搭乗口へ
搭乗待合室
搭乗室
待合室
搭乗口へ
ATM
ATM
手荷物検査
チェックインカウンター
チェックインカウンター
ATM
エスカレーター
(1階へ)
フィリピン航空
オフィス
セブパシフィック
オフィス
両替
エア・スウィフト
道　路
国内線出発ホール入口

到着(1階)

国内線到着ホール
国内線
到着ホール
2階から
2階から
ターンテーブル
ターンテーブル
クリニック
トランスファーデスク
両替所
SIMカードカウンター
両替所
ATM
ATM
出口
出口
レンタカーオフィス
タクシー
mybus
乗り場へ
エスカレーター
(出発階へ)
フードブース
フードブース
免税店

マクタン・セブ国際空港T1(国内線)

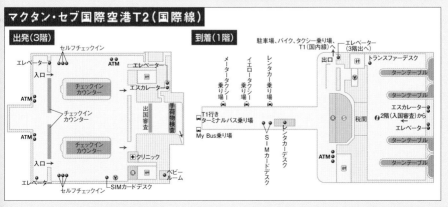

マクタン・セブ国際空港T2(国際線)

出発(3階)

セルフチェックイン
エレベーター
入口
ATM
チェックイン
カウンター
ATM
エレベーター
エスカレーター
出国審査
チェックイン
カウンター
手荷物検査
チェックイン
カウンター
ATM
入口
クリニック
ベビールーム
エレベーター
セルフチェックイン
SIMカードデスク

到着(1階)

駐車場、バイク、タクシー乗り場、
T1(国内線)へ
エレベーター
(3階出口へ)
出口
トランスファーデスク
メータータクシー乗り場
イエロータクシー乗り場
レンタカー乗り場
ターンテーブル
ターンテーブル
T1行き
ターミナルバス乗り場
My Bus乗り場
SIMカードデスク
レンタカーデスク
税関
エスカレーター
2階(入国審査)から
エレベーターへ
ATM
ターンテーブル

🛫 ▰ 空港から市内へ

ニノイ・アキノ国際空港から市内へは、
エリアにより20分〜1時間。
渋滞の場合さらに時間がかかる。

マニラ

ニノイ・アキノ国際空港には、4つのターミナルがある。それぞれのターミナルから市内へはタクシーか配車アプリのグラブGrabを使うのが一般的。タクシーは残念ながらトラブルが絶えないので注意。エルミタ地区のロビンソン・プレイスなどには、ウベエクスプレスというバスが運行している。

ターミナル3のビルを出たところ。柱にBayナンバーが書いてあるので、待ち合わせ目印に

Grabの予約スタンド

注意！

各ターミナルでは、高額な料金表を持ったスタッフが話しかけてくるが、これをクーポンタクシーと間違って利用する人がまれにいる。実は彼らはレンタカー（運転手付き）のスタッフ。クーポンタクシーよりもかなり高めなので気をつけよう。

全ターミナル

グラブ・カー
Grab Car

フィリピンでは、配車アプリはグラブの一択となっている。アプリをあらかじめダウンロードしておけば、空港内のWi-Fiやスマホのデータを利用して呼ぶことができる。また、各ターミナルにはグラブのブースがあって、そこのスタッフに行き先を言って予約も可能。料金は混雑状況、車種などによっても変わってくるが、予約時点でわかるので安心。あらかじめアプリにクレジットカードを登録しておけば、現金で支払う必要もない。

● グラブの車種

- Grab Car→タクシーでない一般車
- Grab Taxi→メータータクシーとして走っている普通タクシー。呼び出し料として₱50〜。
- Grab Share→行き先が同じ方向の乗客を複数人乗せて、目的地へ向かい、乗客は順番に降りる。

マニラにようこそ！

グラブアプリを使った手配の仕方

① アプリを開き、「Car」のアイコンをタップする。
② 「Where to?」という行き先を尋ねる画面が出るので、行き先を選択する。行き先の住所を入力するか、「MAP（地図）」のタブをクリックして、ピンを移動させて選ぶ。「Confirm Destination（行き先の確認）」ボタンを押す。
③ 「Pick Up」（乗車する場所）を、入力するかマップのピンを移動させて選ぶ。
④ 行き先へのルートと選択可能な車種、それぞれの車種による値段が出てくるので、車種を選ぶ。
⑤ 「Payment Method（支払い方法）」を選ぶ。事前に登録しておけ

ば、クレジットカードやデビットカード、現金での支払いも選択できる。
⑥ 「Book（予約）」のボタンを押す。
⑦ ドライバーが見つかったら、ドライバーの名前、車種、プレートナンバーが表示される。
⑧ マップに現在の車の位置と、到着予定時間が表示される。
⑨ 配車された車が到着したら、車種とナンバーを確認して乗り込む。
⑩ 目的地に到着したら、現金払いの場合は支払う。カード払いの場合はそのまま下車。
⑪ サービスの評価画面が出てくるので☆の数で評価しよう。

全ターミナル
クーポンタクシー
Coupon Taxi

あらかじめ行き先ごとに料金が決まっているのがクーポンタクシー。車両も大きめで料金も割高だが、定額制で安心。カウンターで行き先を告げてチケット（クーポン）をもらう。支払いは降車時にドライバーに現金で。

クーポンタクシーの看板

クーポンタクシーは車体の大きなナンバーがよく目立つ

全ターミナル
メータータクシー
Metered Taxi

レギュラーと黄色い車体のイエローの2種類があり、イエローは空港を起点に運行している。前者は初乗りが安く、後者は少し高め。メーターを使用せずに、法外な料金を要求してくるドライバーや、メーターを使用したとしても、メーターに細工をしているドライバーもいるので気をつけよう。

● 運賃

それぞれ初乗りとメーター単位の料金が決められている。レギュラータクシーだと、マニラ市街地まで₱120〜500程度。

メータータクシー乗り場は地元の人々で混雑する

レギュラータクシー	初乗り₱40	1kmにつき₱13.50＋₱2/分
イエロータクシー	初乗り₱70	300mにつき₱4＋₱2/分

全ターミナル
ウベエクスプレス
Ube Express

紫色のロゴが目を引くウベエクスプレス。各ターミナル間の移動（₱50）のほか、ターミナル3を拠点にマニラ首都圏の数ヵ所と、近郊のラグナ州サンタ・ロサへのルートがある。料金は₱150〜300。最新の運行スケジュールはフェイスブックで。マカティ・ルートは2024年4月現在、運休中。

● ルート

PITX/バスターミナル［パサイ］
運行時間5:45〜20:00 ₱150

ロビンソン・プレイス［エルミタ］
運行時間6:00〜18:00 4本のみ ₱150

アラネタ・シティ［クバオ］
運行時間5:30〜20:30 ₱200

ビクトリーライナー［パサイ］
運行時間4:00〜18:00 ₱150

ロビンソン・ギャレリア［オルティガス］
運行時間6:00〜19:30 ₱150

乗り心地はいいが、本数がまだ少ない

セブ

マクタン・セブ国際空港からリゾートエリアまでは、場所により20分〜1時間。渋滞の場合はさらに時間がかかる。

リゾート滞在の場合、予約をしていれば迎えに来てくれることが多い。国際線を利用してターミナル2に到着した場合、タクシーは空港を出て右に進むと乗り場があり、イエロータクシーとレギュラータクシーが停まっている。セブ・シティまでだと料金は₱200〜500。また、セブ・シティのSMシティ・セブまでmybusというバスが出ている。運行は6:00〜21:00に30分ごと。料金は₱50。

国際線の発着は2018年にオープンしたターミナル2

市内交通

メトロ・マニラの交通システムは、旅行者にはとても理解しにくい。
網の目のように張り巡らされたバスやジプニーの路線網は複雑過ぎて把握が難しく、
移動の基本は高架鉄道とタクシーが中心になるだろう。

マニラ

移動はグラブやタクシーが便利だが、時間帯によっては渋滞で時間がかかるので高架鉄道も併用しよう

高架鉄道 Rapid Transit Line

3つの路線があり、それぞれLRT（Line1 & 2）、MRT（Line3）と呼ばれている。いずれのラインも、5:00〜22:30頃の間、3〜8分おきに運行。ただし、土・日曜は減便。朝や夕方のラッシュ時には、かなりの混雑を覚悟しなくてはならないが、女性専用車両もある。

高架鉄道の乗り方

1 チケットを購入

駅の窓口、もしくは自動券売機でチケットを購入。あるいはビープ・カードBeep CardというICカードを購入、入金（チャージ）してもよい。

2 改札へ

チケットは自動改札の投入口に通して再度受け取る。ICカードは改札機の所定の場所にタッチするだけ。

3 乗車、降車

乗り込んだら、あとは希望の駅で降りよう。改札を出る際は、チケットは投入口に入れて回収となり、ICカードの場合は、タッチすれば運賃が差し引かれる。

ICカードが便利！

高架鉄道にはビープ・カードと呼ばれるICカードが導入されている。日本のSuicaなどと同じように、カードを購入後、入金（チャージ）して、自動改札にタッチするだけ。カードは各駅の窓口か自動券売機で購入可能（₱30）。チャージは各駅にある券売機にて。一部のバスや新型ジプニーでも利用可。

自動券売機の画面

高架鉄道マップ

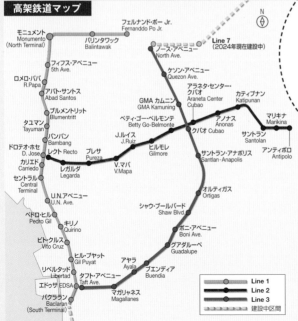

料金体系

料金は、乗車駅から何駅目で降りるかで決まる。

Line1	₱15〜35
Line2	₱15〜35
Line3	₱13〜28

● ライト・レイル・トランジット・オーソリティ
Light Rail Transit Authority（Line1 & 2）
URL www.lrta.gov.ph

● メトロ・レイル・トランジット・コーポレーション
Metro Rail Transit Corporation（Line3）
URL www.dotrmrt3.gov.ph

タクシー
Taxi マニラ、セブ

すべてメーター制。初乗りは₱40。以降1kmごとに₱13.5が加算される。さらに1分ごとに₱2が追加される。ちなみにホテルに待機しているタクシーは「ホテルタクシー」と呼ばれ、メーターではなく区間ごとに料金が決められている。やや割高だが安心して乗ることができる。

トラブルが多いのでアプリで手配する人が増えている

注意!
渋滞場所を通る、行き先が遠いなど、運転手によっては乗車拒否されることもよくある。メーターを使いたがらない運転手も少なくない。ちなみにタクシーに乗ったらすぐにロックをしよう。まれにタクシー強盗が起きている。

● 便利な配車アプリ、グラブ Grab

マニラやセブでは配車アプリのグラブが便利。あらかじめ料金がわかるので、安心して利用できる。アプリをダウンロードして、目いっぱい利用して旅を快適に。使い方の詳細は→P.126。

● 渋滞対策はバイクタクシー

慢性的な渋滞に悩まされているマニラ市民の間で人気なのが、アンカスAngkasやジョイ・ライドJoy Rideといったバイクタクシー配車アプリだ。バイクだったら渋滞のすき間をすり抜けれて、アプリによってドライバーを管理しているので流しのトライシクルなどと比較してもトラブルは少ない。ヘルメットやレインコートといった装備も貸してくれる。使い方はグラブとだいたい同じで、乗り場所と行き先を指定してクレジットカードか現金後払い。アンカスは日本のアプリストア・アカウントからではダウンロードできないが、ジョイ・ライドは可能だ。

ヘルメットの下に不織布のキャップをかぶるので衛生的

ジプニー
Jeepney マニラ、セブ

細かい網の目のように路線を張り巡らせていて、バスの通らないような狭い道でも24時間走っている。ルート内であれば乗りたい所で乗せてくれ、降りたい所で降ろしてくれる、使い慣れれば実に便利な乗り物である。ただし、車中での荷物の管理はしっかりとしよう。乗り方は→P.18を参照。料金は最低₱13、新型ジプニーは₱15。セブでも事情は同じ。

派手な装飾が目印

バス
Bus マニラ

バス路線を旅行者が把握するのは困難。利用法としてはジプニーと似ており、やってきたバスのフロントの行き先表示を素早く読み取り、乗り込む。いつも混雑しているので、とりわけラッシュ時には心して乗ろう。エドゥサ通りなど、幹線道路を直進する場合には利用しやすい。料金は市内だと₱13～25（距離による）。

バスはヒル・プヤット通りなどの幹線道路を走る

バスの乗り方

1 乗車
まずバス停で待ち、目的のバスが来たら乗り込む。

2 支払い
車掌が乗っているので目的地を告げてお金を払いチケットをもらう。バス料金は同じ区間でも会社やバスの快適さによっても異なるので、そのつど車掌に聞くしかない。

3 降車
降りる際には、声を上げたり、壁をたたいたりして意思表示をしよう。

レンタカー
Rent-a-Car
マニラ、セブ

交通マナーが悪く大渋滞が日常茶飯事のマニラでは、運転手付きで利用するのが一般的。もちろん自分で運転することもできるが、料金はほぼ同じ。マニラ首都圏内で1日₱3200〜6700が目安だ。

おもなレンタカー会社

● **ハーツ** Hertz
℡(02)8396-7551（マカティ） URL www.hertzphilippines.com

● **エイビス** Avis
℡(02)8462-2847、0963-629-9870 URL avis.com.ph

● **エンタープライズ・カーリース** ECLPI
℡(02)8886-9931、0917-808-2144 URL eclpi.com.ph

雨天時のメトロ・マニラ

メトロ・マニラの慢性的な渋滞は有名。特にラッシュ時の混雑ぶりは驚異的だ。この時間帯に雨が降り出した場合は、身動きが取れなくなる。タクシーもメーターを使用しなくなることが多く、グラブのドライバーも見つからない。夕刻ラッシュ時の雨には十分注意したい。

トライシクル＆ペディキャブ
Tricycle & Pedicab
マニラ、セブ

● **トライシクル**

トライシクルはオートバイにサイドカーを付けた3輪の乗り物。料金は交渉制で、最低料金はひとり₱15〜。ただ、観光客はマニラではなかなか最低料金で乗ることができない。ひとりで乗ると₱100〜200くらいから。座席が空いていると、そのぶんの負担も必要になる。

● **ペディキャブ**

自転車にサイドカーを付けたものは通称ペディキャブと呼ばれ、エルミタやマラテで見かける。こちらは観光客用といった性格が強く、最低₱60は要求される。セブのマクタン島は道路が入り組んでいないので、これらの乗り物が活躍している。

トライシクル　　　　ペディキャブ

マニラに巨大交通ハブ登場

PITXとワン・アヤラ PITX and One Ayala

従来のマニラでは市内移動のジプニー、郊外行きのバン、長距離移動のバスがそれぞれに発着場があって乗り換えに長距離の移動を要した。しかし近年、それらの発着場を統合した乗り換えに便利なバスターミナルが整備され始めている。2018年にパラニャーケ市にオープンしたPITXはマニラから地方へのバスの統合ターミナルで、ニノイ・アキノ国際空港からのシャトルバス、ウベエクスプレスUbe Express（→P.127）や市バスも発着している。マニラ中心部からはエドゥサ通りを運行しているエドゥサ・カルーセルEDSA Carouselなどのバスのほかジプニーを利用してアクセスできる。
一方マニラ市内と近郊行きのバス、バン、高架鉄道の乗り換えに便利なのが、2022年、マカティにオープンしたワン・アヤラOne Ayala。こちらは高架鉄道のアヤラ駅とのアクセスがよくたいへん便利だ。エドゥサ通り沿いにあるのでこちらもエドゥサ・カルーセルが停まる。

巨大なPITXの中にはたくさんのショップもある

PITX (Parañaque Integrated Terminal Exchange)
▶ Map P.134-B3
🏠 1 Kennedy Rd., Tambo, Parañaque City　℡(02)8396-381
URL pitx.ph

ワン・アヤラ One Ayala
▶ Map P.137-C3
🏠 1 Ayala Ave. Cor. EDSA, Ayala Center, Makati

PITXのバス乗り場は改札口のよう

ワン・アヤラのPITX行きのカルーセル・バス

旅の安全対策

治安は改善されつつあるとはいえ、まだまだトラブルの多いフィリピン。
よくあるトラブルを頭に入れて、安全に旅をしよう。

治安

エリアによっては両替詐欺やぼったくり、いかさま賭博などといったものから、睡眠薬強盗、売春行為絡みの恐喝、誘拐、殺人までさまざまな犯罪が起こっている。なるべく危険なエリアには近づかないようにしたい。
● 外務省海外安全ホームページ
URL www.anzen.mofa.go.jp

病気・健康管理

普段からおなかをすぐに壊しやすい人は、氷にも気をつけよう。火の通ったものを食べる、よく手を洗う、生水は絶対に飲まないなど最低限の注意はしたい。マニラ、セブとも日本人医師や看護師が常駐、あるいは日本語の通じる病院がある。以下の緊急連絡先を参考に。

海外旅行保険

フィリピンはトラブルの多い国なので、海外旅行保険には必ず加入しておきたい。加入の際には慎重に種類やタイプを選ぼう。オンラインや空港にある窓口で簡単に加入することができる。海外の病院で診察を受ける場合、保険に加入していないと高額な医療費を請求されるので注意したい。

こんなことにも気をつけて！

● 美人局

「ショッピングセンターで声をかけられたあと自宅まで招かれ、みだらな行為におよぼうとした瞬間に彼女の兄と名乗る男が現れ、手術代として₱100万請求された」など、マニラなどではいわゆる美人局のトラブルが多発している。

● 睡眠薬強盗

「一緒に旅をしよう」「日本に妹がいる」などと声をかけてきて仲よくなり、気付かぬうちに食事や飲み物に睡眠薬を入れられるパターン。日本大使館にも頻繁に被害届が出されているのでくれぐれも気をつけたい。

● 強盗

フィリピンでは、一般市民でも、警察に届け出れば合法的に銃を所持・携帯することができるため、多くの強盗犯罪が起きている。防犯対策を十分に施したうえで出歩き、万一被害に遭った場合は、絶対に抵抗せず、努めて冷静に対処しよう。

緊急連絡先

警察 911または117 (マニラ)　**166** (セブ)
救急 911または117 (マーラ)　**161** (セブ)

在マニラ日本国大使館	**(02)8551-5710**
邦人援護ホットライン	**(02)8551-5786**
日本大使館 セブ領事事務所治安	**(032)231-7322**

病院
● マニラ日本人会診療所　**(02)8818-0880**
● セント・ルークス・メディカルセンター (BGC)　**(02)8789-7700**
● セブ・ドクターズ病院　**(032)255-5555**
　ジャパニーズヘルプデスク　**0917-571-7436**

クレジットカード会社

● アメリカン・エキスプレス
00-65-6535-2209

● ダイナースクラブ
00-81-3-6770-2796

● JCBカード
1-800-1-811-0027

● Mastercard
1-800-1-111-0061

● VISA
00-800-12121212

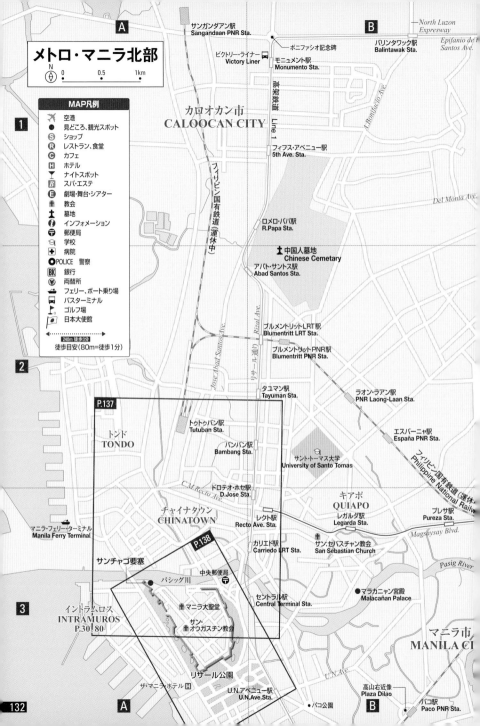

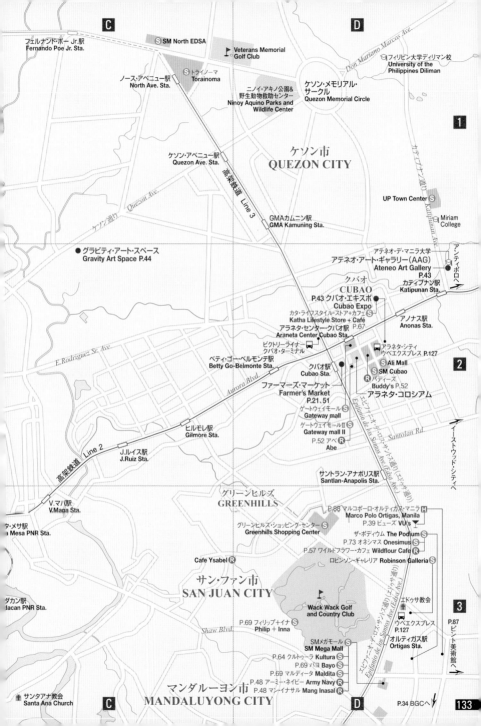

フェルナンド・ポー・Jr.駅
Fernando Poe Jr. Sta.

S SM North EDSA

◣ Veterans Memorial
Golf Club

ドン・マリアノ・マルコス通り
Don Mariano Marcos Ave.

フィリピン大学ディリマン校
University of the
Philippines Diliman

ノース・アベニュー駅
North Ave. Sta.

S トライノーマ
Trainoma

ニノイ・アキノ公園＆
野生動物救助センター
Ninoy Aquino Parks and
Wildlife Center

ケソン・メモリアル・
サークル
Quezon Memorial Circle

1

ケソン市
QUEZON CITY

ケソン・アベニュー駅
Quezon Ave. Sta.

高架鉄道 Line 3

Quezon Ave. ケソン通り

ケソン通り

GMAカムニン駅
GMA Kamuning Sta.

UP Town Center S

Miriam
College

● グラビティ・アート・スペース P.44
Gravity Art Space P.44

アテネオ・デ・マニラ大学
アテネオ・アート・ギャラリー（AAG）
Ateneo Art Gallery
P.43

アンティポロへ

クバオ
CUBAO

P.43 クバオ・エキスポ
Cubao Expo ●

カティプナン駅
Katipunan Sta.

E. Rodriguez Sr. Ave.

カタ・ライフスタイル・ストア＋カフェ
Katha Lifestyle Store + Café

アラネタ・センター・クバオ駅 P.67
Araneta Center Cubao Sta.

アノナス駅
Anonas Sta.

ビクトリーライナー
クバオ・ターミナル

アラネタ・シティ
ウベエクスプレス P.127

2

ベティ・ゴー・ベルモンテ駅
Betty Go-Belmonte Sta.

クバオ駅
Cubao Sta.

S Ali Mall

S SM Cubao

ファーマーズ・マーケット
Farmer's Market
P.21, 51

バディーズ
Buddy's P.52

アラネタ・コロシアム

ゲートウェイモール
Gateway mall

ヒルモレ駅
Gilmore Sta.

ゲートウェイモールⅡ
Gateway mall Ⅱ

高架鉄道 Line 2

J.ルイス駅
J.Ruiz Sta.

P.52 アベ
Abe R

Santolan Rd.

エドサ通り（エピファニオ・デ・ロス・サントス・アベニュー）（エドサ通り）Epifanio de los Santos Ave.(Edsa Ave.)

イーストウッド・シティへ

サントラン・アナポリス駅
Santlan-Anapolis Sta.

V.マパ駅
V.Mapa Sta.

グリーンヒルズ
GREENHILLS

タ・メサ駅
a Mesa PNR Sta.

グリーンヒルズ・ショッピング・センター
Greenhills Shopping Center S

P.88 マルコポーロ・オルティガス・マニラ
Marco Polo Ortigas, Manila H

P.39 ビューズ VU's ▽

ザ・ボディウム The Podium

P.73 オネシマス Onesimus

P.57 ワイルドフラワー・カフェ
Wildflour Cafe

Cafe Ysabel R

ロビンソン・ギャラリア
Robinson Galleria

ダカン駅
acan PNR Sta.

サン・ファン市
SAN JUAN CITY

Wack Wack Golf
and Country Club

エドゥサ教会

ウベエクスプレス
P.127

3

オルティガス駅
Ortigas Sta.

P.87 ピント美術館へ

Shaw Blvd.

P.69 フィリップ＋イナ
Philip + Inna S

SMメガモール
SM Mega Mall S

P.64 クルトゥーラ Kultura S

P.69 バヨ Bayo S

P.48 マルディータ Maldita S

サンタアナ教会
Santa Ana Church

マンダルーヨン市
MANDALUYONG CITY

P.48 アーミー・ネイビー Army Navy R

P.48 マン・イナサル Mang Inasal R

P.34 BGCへ↙

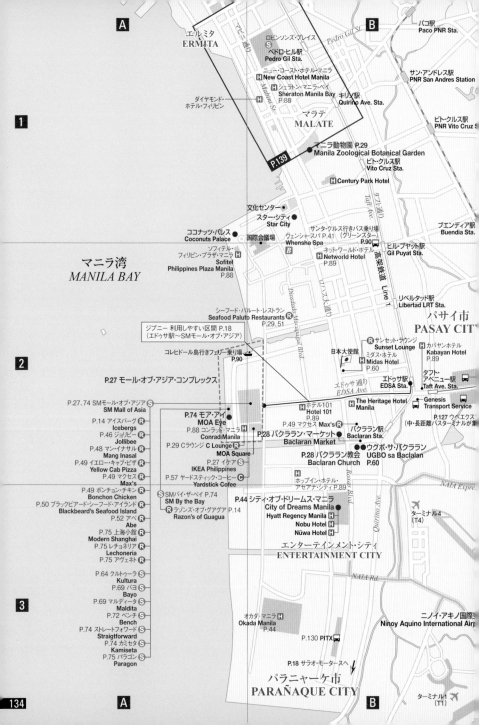

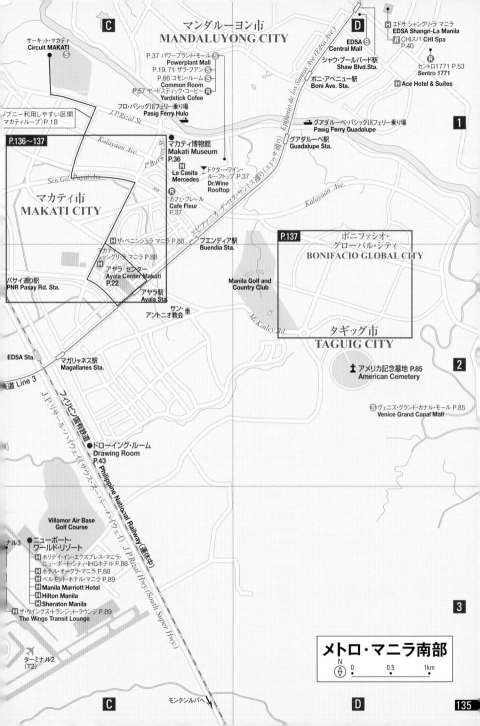

C マンダルーヨン市
MANDALUYONG CITY

D

H エドサ シャングリ・ラ マニラ
EDSA Shangri-La Manila

EDSA S Ⓢ CHINスパ CHI Spa
Central Mall P.40

サーキット・マカティ
Circuit MAKATI Ⓢ

シャウ・ブールバード駅
Shaw Blvd.Sta.

セント口1771 P.53
Sentro 1771

ボニ・アベニュー駅
Boni Ave. Sta.

H Ace Hotel & Suites

P.37 パワープラント・モール
Powerplant Mall Ⓡ

P.19、71 ザラ・ファン
P.66 コモン・ルーム
Common Room Ⓡ

P.57 ヤードスティック・コーヒー
Yardstick Cofee Ⓡ

フロ・バシッグ川フェリー乗り場
Pasig Ferry Hulo

J.P.Rizal St.

Kalayaan Ave.

マカティ博物館
Makati Museum
P.36

La Casita
Mercedes

グアダルーベ・バシッグ川フェリー乗り場
Pasig Ferry Guadalupe

グアダルーベ駅
Guadalupe Sta.

Kalayaan Ave.

Sen.Gil Puyat Ave.

P.Burgos

マカティ市
MAKATI CITY

ドクター・ワイン・
ルーフトップ P.37
Dr.Wine Rooftop

カフェ・フレール
Cafe Fleur
P.37

P.137 ボニファシオ・
グローバル・シティ
BONIFACIO GLOBAL CITY

ザ・ペニンシュラ マニラ P.88

マカティ
シャングリ・ラ マニラ P.88

Manila Golf and
Country Club

ブエンディア駅
Buendia Sta.

パサイ通り駅
PNR Pasay Rd. Sta.

アヤラ・センター
Ayala Center Makati
P.22

アヤラ駅
Ayala Sta.

サン・
アントニオ教会

McKinley Rd.

タギッグ市
TAGUIG CITY

EDSA Sta.

マガリャネス駅
Magallanes Sta.

アメリカ記念墓地 P.85
American Cemetery

ヴェニス・グランド・カナル・モール P.85
Venice Grand Canal Mall

ドローイング・ルーム
Drawing Room
P.43

Villamor Air Base
Golf Course

ニューポート・
ワールド・リゾート

ホリデイ・イン・エクスプレス・マニラ・
ニューポート・シティ IHGホテル P.88
ホテル・オークラ・マニラ P.88
ベルモント・ホテル・マニラ P.89
Manila Marriott Hotel
Hilton Manila
Sheraton Manila
ザ・ウイングス・トランジット・ラウンジ P.89
The Wings Transit Lounge

ターミナル2
(T2)

モンテンルパヘ

メトロ・マニラ南部

N
0   0.5   1km

C   D

135

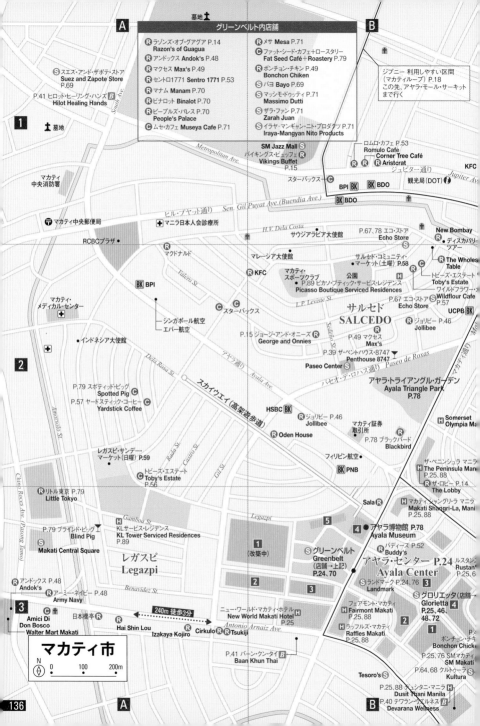

A

グリーンベルト内店舗

ⓡ ラゾンズ・オブ・グアグア P.14
　Razon's of Guagua
ⓡ アンドックス Andok's P.48
ⓡ マクセス Max's P.49
ⓡ セントロ1771 Sentro 1771 P.53
ⓡ マナム Manam P.70
ⓡ ビナロット Binalot P.70
ⓡ ピープルズ・パレス P.70
　People's Palace
ⓡ ムセ・カフェ Museya Cafe P.71

B

ⓡ メサ Mesa P.71
ⓡ ファット・シード・カフェ＋ロースタリー
　Fat Seed Café＋Roastery P.79
ⓡ ボンチョン・チキン P.49
　Bonchon Chiken
ⓡ バヨ Bayo P.69
ⓡ マッシモ・ドゥッティ P.71
　Massimo Dutti
ⓡ ザラ・ファン P.71
　Zarah Juan
ⓡ イラヤ・マンギャン・ニト・プロダクツ P.71
　Iraya-Mangyan Nito Products

ジプニー利用しやすい区間
（マカティループ）P.18
この先、アヤラ・モール・サーキット
まで行く

ⓢ スエス・アンド・ザポテ・ストア
　Suez and Zapote Store
　P.69
P.41 ヒロット・ヒーリング・ハンズ
　Hilot Healing Hands

✝墓地

マカティ
中央消防署

マカティ
中央郵便局

RCBCプラザ

マニラ日本人会診療所

SM Jazz Mall
バイキング・ビュッフェ
Vikings Buffet
P.15
スターバックス

ロムロ・カフェ P.53
Romulo Cafe
Corner Tree Café
ⓡ アリストラ Aristcrat

ⓡ KFC

Jupiter Ave.
観光局(DOT)

BPI BK　BK BDO

BK BDO

ヒル・プヤット通り
Sen. Gil Puyat Ave.(Buendia Ave.)

H.V. Dela Costa
サウジアラビア大使館

P.67、78 エコ・ストア
Echo Store

New Bombay
ⓢ ディスカバリー
　ツアー
ⓡ The Wholes
　Table
トビーズ・エステート

ⓡ マクドナルド

マレーシア大使館

ⓡ KFC

マカティ・
スポーツクラブ

公園
ピカソ・ブティック・サービス・レジデンス
Picasso Boutique Serviced Residences

サルセド・コミュニティ・
マーケット(土曜)P.58

ワイルドフラワー・
Wildflour Cafe
P.57
ⓢ P.67 エコ・ストア
　Echo Store

マカティ・
メディカル・センター

BK BPI

シンガポール航空
エバー航空

ⓒ スターバックス

P.15 ジョージ・アンド・オニーズ
George and Onnies

サルセド
SALCEDO

ⓢ ジョリビー P.46
　Jollibee

UCPB BK

ⓡ マクセス
　Max's

P.39 ザ・ペントハウス8747 ▼
Penthouse 8747
Paseo Center

インドネシア大使館

アヤラ通り
Ayala Ave.

パセオ・デ・ロハス通り
Paseo de Roxas

アヤラ・トライアングル・ガーデン
Ayala Triangle Park
P.78

P.79 スポティッド・ピッグ
Spotted Pig
P.57 ヤードスティック・コーヒー
Yardstick Coffee

スカイウェイ(高架遊歩道)

HSBC BK

ⓡ ジョリビー P.46
　Jollibee

ⓡ オデン・ハウス
　Oden House

マカティ証券
取引所

P.78 ブラックバード
Blackbird

ⓢ ソマセット
　Olympia Ma

レガスピ・サンデー・
マーケット(日曜)P.59

トビーズ・エステート
Toby's Estate
P.56

フィリピン航空

BK PNB

ザ・ペニンシュラ マニラ
ⓗ The Peninsula Man
P.25,88
ザ・ロビー P.14
The Lobby

ⓡ リトル東京 P.79
　Little Tokyo

ⓡ Sala

ⓗ マカティ・シャングリ・ラ マニラ
　Makati Shangri-La, Mani
　P.25,88

P.79 ブラインド・ピッグ
Blind Pig

KLサービス・レジデンス
KL Tower Serviced Residences
P.89

レガスピ
Legazpi

1
(改装中)

5

4 アヤラ博物館 P.78
　Ayala Museum

バディーズ P.52
Buddy's

ⓢ グリーンベルト
　Greenbelt
　(店舗→上記)
　P.24,70

アヤラ・センター P.24
Ayala Center

ルスタン
ⓡ Rustan
　P.25,6

ⓢ マカティ・セントラル・スクエア
　Makati Central Square

ⓢ アンドックス P.48
　Andok's
ⓒ アーミー・ネイビー P.48
　Army Navy

Amici Di
Don Bosco
Walter Mart Makati

日本橋亭ⓡ

ハイ・シン・ロウ
Hai Shin Lou

240m 徒歩3分

Izakaya Kojiro
居酒屋コジロー

Cirkulo ⓡ ⓡ 築地
　　　　　Tsukiji

ニュー・ワールド・マカティホテル
New World Makati Hotel
P.25

P.41 バーン・クン・タイ
Baan Khun Thai

フェアモント・マカティ
ⓗ Fairmont Makati
P.25,88

ラッフルズ・マカティ
ⓗ Raffles Makati
P.25,88

ⓢ ランドマーク P.24,76
　Landmark

3

ⓢ グロリエッタ(店舗
　Glorietta
　P.25,46,
　48,72

4

2

1

ボンチョン・チキ
Bonchon Chicke

P.25,76 SMマカティ
SM Makati

P.64,68 クルトゥーラ
Kultura

Tesoro's ⓡ

P.25,88 デュシタニ・マニラ
Dusit Thani Manila

P.40 デヴァラン・ウェルネス
Devarana Wellness

マカティ市

N
0　　100　　200m

A　　　　　　**B**

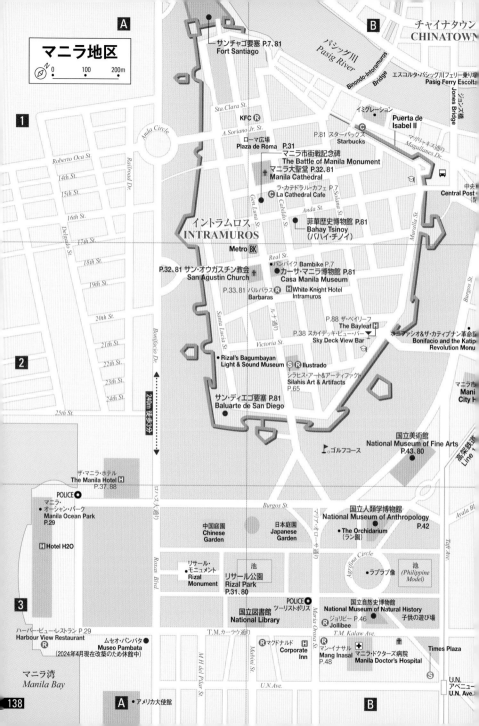

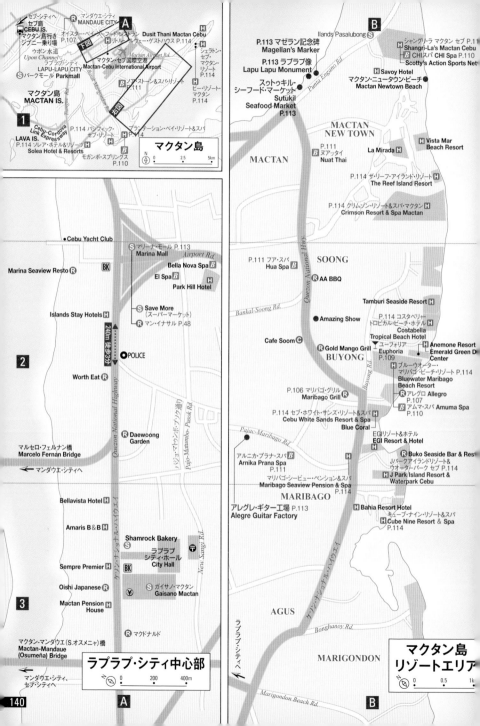

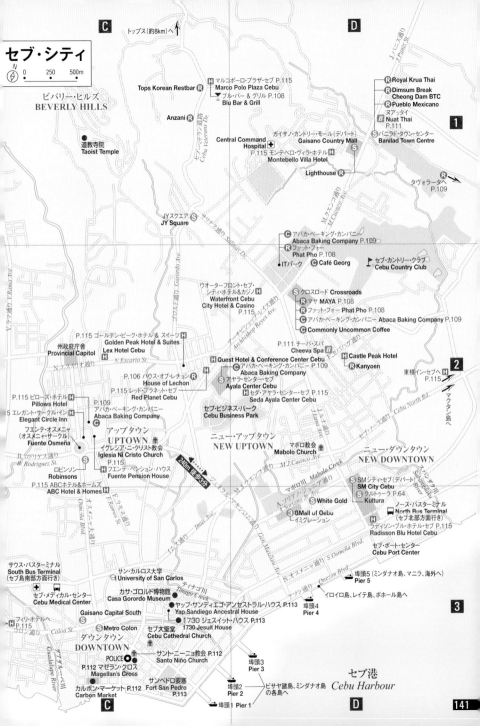

INDEX

マニラ

● 見どころ

アテネオ・アート・ギャラリー	42
アメリカ記念墓地	85
アヤラ・トライアングル・ガーデン	78
アヤラ博物館	8、78
イントラムロス	30、80
ヴィラ・エスクデロ・プランテーション&リゾート	87
ウグボ・サ・バクララン	60
エスコルタ通り	7、83
オカダ・マニラ	44
カーサ・マニラ博物館	31、81
カレルエガ教会	86
クバオ・エキスポ	9、43
グラビティ・アート・スペース	43
国立博物館／美術館	7、43、80
コレヒドール島	90
サラオ・モーターズ	18
サルセド・コミュニティ・マーケット	58
サン・アンドレス・マーケット	29
サン・オウガスチン教会	7、32、81
サンチャゴ要塞	7、81
サン・ディエゴ要塞	81
シティ・オブ・ドリームス・マニラ	44
タール火山	86
タガイタイ・ピクニック・グローブ	86
ドローイング・ルーム	43
ドロマイト・ビーチ	29
パグサンハン	90
バクララン教会&マーケット	28
菲華歴史博物館（バハイ・チノイ）	81
ビノンド教会	32
ピント美術館	9、87
ファーマーズ・マーケット	21、51
フィエスタ・マーケット	21
ベイウオーク	29
ボニファシオ・ハイストリート	8、34
マインド・ミュージアム	84
マニラ・オーシャン・パーク	29
マニラ市街戦記念碑	31
マニラ大聖堂	32、81
マニラ動物園	29
マラテ教会	28
メトロポリタン美術館（The M）	8、42
モア・アイ	74
リサール公園	31、80
レガスピ・サンデー・マーケット	59
ロハス大通り	26

● レストラン、カフェ、バー

アーミー・ネイビー	48
アイスバーグ	14
アヴェネト	75
アベ	52
アルバ	55
アンドックス	48
イエロー・キャブ・ピザ	49
エスコルタ・コーヒー	63
カテドラル・カフェ	7
カフェ・アドリアティコ	57
カフェ・クバナ	36
カフェ・フレール	37
カフェ・メザニン	82
クライング・タイガー・ストリート・キッチン	37
コーヒー・トンヤ	63
コミューン・カフェ	56
ザ・オリジナル・パレス	37
ザ・ペントハウス・8747	39
ザ・ロビー アット・ザ・ペニンシュラ・マニラ	14
シーフード・パルート・レストラン	51
Cラウンジ	29
上海小館	75
ジャンバ・ジュース	34
ジョージ・アンド・オニーズ	8、15
ジョリビー	46
シンセリティ	82
スカイデッキ・ビュー・バー	38
スターバックス	81
ストレート・アップ	39
スポティッド・ピッグ	79
セントロ1771	53
ソニアス・ガーデン	86
ティム・ホー・ワン	73
ドクターワイン・ルーフトップ	37
トビーズ・エステート	56
トライブ・ブードル ファイト・フィエスタ	50
ドンベイ・ダンプリング	83
ニュー・ボ・ヘン	82
ハードロック・カフェ・マカティ	73
ハーバー・ビュー・レストラン	29
ハーラン＋ホルデン・コーヒー	84
バーント・ウ・ビーン	84
バイキングス・ビュッフェ	15
バディーズ	9、52
バリオ・フィエスタ	53
バルバラス	7、33、81
ピープルズ・パレス	70
ビューズ	39
ファーマシー	84
ファット・シード・カフェ＋ロースタリー	79
フィリング・ステーション・バー＆カフェ	36
フード・チョイス	73
ブラインド・ピッグ	79
ブラックビアード・シーフード・アイランド	50
ブラックバード	78
ボンチョン・チキン	49
マクセス	49
マスキ	7、33
マナム	70
マン・イナサル	48

ミダスホテル・サンセット・ラウンジ	60
ミッドタウン・イン	57
ムセヤ・カフェ	71
メサ	71
ヤードスティック・コーヒー	57
ラス・フローレス	54
ラゾンズ・オブ・グアグア	14
ラ・ピカラ	55
リトル東京	79
レチョネリア	75
ロムロ・カフェ	53
ワイルドフラワー・カフェ	57

● ショップ

アートワーク	68、73
イケア	27
イラヤ・マンギャン・ニト・プロダクツ	71
イログ・マリア・ハニー・ビー・ファーム	86
イン・ビー・ティン	82
ヴェニス・グランド・カナル・モール	8、85
エコ・ストア	67、78
SMアウラ・プレミア	85
SMマカティ	25、76
SMモール・オブ・アジア	27、74
オネシマス	73
カタ・ライフスタイル・ストア＋カフェ	67
カミセタ	74
グリーンベルト	8、24、70
クルトゥーラ	64、68
グロリエッタ	8、25、72
コモン・ルーム	66
ザ・ターナリー・マニラ	69
サラザール・ベーカリー	83
ザラ・フアン	71
シラヒス・アート＆アーティファクト	65
スエズ・アンド・ザポテ・ストア	69
ストレートフォワード	72、74
セレンドラ	35
バッチ	34
ハブ・メイク・ラボ	66
パベルロティ	66、73
バヨ	69
バラゴン	75
パワー・プラント・モール	37
ヒューマン・ネイチャー	67
フィリップ＋イナ	69
フリー・ブックト	35
ペドロ	34
ペンショップ	72
ベンチ	72
ホランド	83
マーケット！マーケット！	35
マッシモ・ドゥッティ	71
マルディータ	69
ラッキー・チャイナタウン	82
ランドマーク	24、76

リニャリニャ	68
ルスタンズ	25、65

● スパ

ウェンシャ・スパ	41
ザ・スパ・ウエルネス	34、41
CHIスパ	40
テワラン・ウエルネス	40
バーン・クン・タイ	41
ヒロット・ヒーリング・ハンズ	41

セブ

● 見どころ

アレグレ・ギター工場	113
オスロブ	11、98
カルボン・マーケット	11、112
血盟記念碑	96
サント・ニーニョ教会	11、112
サン・ペドロ要塞	11、113
ジンベエザメ・ツアー	11、98
スゥトゥキル・シーフード・マーケット	113
ターシャ保護区	97
1730ジェスイット・ハウス	113
チョコレート・ヒルズ・アドベンチャー・パーク	96
チョコレート・ヒルズ展望台	96
バクラヨン教会	96
ボホール島	96
マクタン・ニュータウン・ビーチ	10
マゼラン記念碑	113
マゼラン・クロス	11、112
ヤップ・サンディエゴ・アンセストラル・ハウス	113
ラプラプ像	113
ロボック・リバー・クルーズ	97

● レストラン、バー

アバカ・ベーキング・カンパニー	109
アレグロ	10、107
オイスター・ベイ・シーフード・レストラン	11、107
タヴォラータ	109
ハウス・オブ・レチョン	11、106
ファット・フォー	108
ブル・バー＆グリル	108
マヤ	108
マリバゴ・グリル	11、106
ユーフォリア	109

● スパ

アムマ・スパ	10、110
アルニカ・プラナ・スパ	111
チーバ・スパ	111
CHIスパ	110
ヌアッタイ	111
ノア・ストーン＆スパ・リゾート	111
フア・スパ	111
モガンボ・スプリングス	110

STAFF

Producer
福井 由香里　Yukari Fukui

Editors & Writers
梅原 トシカヅ　Toshikazu Umehara
反町 眞理子　Mariko Sorimachi　●　高橋 侑也　Yuya Takahashi
有限会社アナパ・パシフィック　Anapa Pacific Co.,Ltd.

Photographers
高橋 侑也　Yuya Takahashi　●　大橋 マサヒロ　Masahiro Ohashi

Photographs
信濃カメラ（波間 英彦）　Shinano Camera　●　合同会社ゼロ・ザ・フール　Zero THE FOOL LLC
写真協力　©iStock

Designer（Cover）
花澤 奈津美　Natsumi Hanazawa

Designers
荒井 英之　Hideyuki Arai（Trouble and Tea Design）　●　アトリエ・タビト　ATELIER Tabito

Illustration
株式会社アトリエ・プラン　atelier PLAN Co., Ltd.

Map
株式会社ジェオ　GEO Co.,Ltd.　●　株式会社アトリエ・プラン　atelier PLAN Co., Ltd.

Proofreading
東京出版サービスセンター　Tokyo Shuppan Service Center

Editing Cooperation
合同会社ゼロ・ザ・フール　Zero THE FOOL LLC

Special Thanks
フィリピン観光省　Philippines Department of Tourism　●　フィリピン大使館　Embassy of Philippines　●　井上 美佐　Misa Inoue
仲宗根 亜希　Aki Nakasone　●　田島 直人　Naoto Tajima　●　一般社団法人海外留学協議会 JAOS　Japan Association of
Overseas Studies　●　Nikki Santos-Ocampo　●　Crescent John Maraveles　●　Florenz Antonette Bola　●　Christian Babista

地球の歩き方 P13 ぷらっと
Plat マニラ セブ
MANILA CEBU
2024年6月11日　初版第1刷発行

著作編集　地球の歩き方編集室
発行人　新井 邦弘
編集人　由良 暁世
発行所　株式会社地球の歩き方
　　　　〒141-8425　東京都品川区西五反田2-11-8
発売元　株式会社Gakken
　　　　〒141-8416　東京都品川区西五反田2-11-8
印刷製本　開成堂印刷株式会社

※本書は2023年10月～2024年1月の取材データに基づいて作られています。発
　行後に料金、営業時間、定休日などが変更になる場合がありますのでご了
　承ください。発行後に変更された掲載情報や訂正箇所は、「地球の歩き方」
　ホームページの本書紹介ページ内に「更新・訂正情報」として可能なかぎ
　り案内しています（ホテル、レストラン料金の変更などは除く）。
更新・訂正情報 URL https://www.arukikata.co.jp/travel-support/

●本書の内容について、ご意見・ご感想はこちらまで
読者投稿
〒141-8425　東京都品川区西五反田 2-11-8
株式会社地球の歩き方
地球の歩き方サービスデスク「Plat マニラ　セブ」投稿係
URL https://www.arukikata.co.jp/guidebook/toukou.html
地球の歩き方ホームページ（海外・国内旅行の総合情報）
URL https://www.arukikata.co.jp/
ガイドブック『地球の歩き方』公式サイト
URL https://www.arukikata.co.jp/guidebook/

●この本に関する各種お問い合わせ先
・本の内容については、下記サイトのお問い合わせフォームよりお願いします。
URL https://www.arukikata.co.jp/guidebook/contact.html
・広告については、下記サイトのお問い合わせフォームよりお願いします。
URL https://www.arukikata.co.jp/ad_contact/
・在庫については　Tel▶03-6431-1250（販売部）
・不良品［乱丁、落丁］については　Tel▶0570-000577
　学研業務センター　〒354-0045　埼玉県入間郡三芳町上富279-1
・上記以外のお問い合わせは　Tel▶0570-056-710（学研グループ総合案内）

感想教えて
ください
読者プレゼント
ウェブアンケートにお答えい
ただいた方のなかから抽選
でクオカード（500円分）を
プレゼントします！詳しくは
左記の二次元コードまたは
ウェブサイトをチェック☆
応募の締め切り
2026年 4月 30日
URL https://arukikata.jp/mskadi
※個人情報の取り扱いについての注意事項はウェブ
ページをご覧ください。

学研グループの書籍・雑誌についての新刊情報・詳細情
報は、下記をご覧ください。
学研出版サイト　URL https://hon.gakken.jp/